AF346617

NOTE SUR UN PROJET

AYANT POUR BUT

D'APPROVISIONNER LYON

ET SES FAUBOURGS

A L'AIDE DES EAUX DU RHONE

NATURELLEMENT CLARIFIÉES.

LYON. — Imprimerie de Dumoulin, Ronet et Sibuet.

NOTE

SUR UN PROJET

AYANT POUR BUT

D'APPROVISIONNER

LYON ET SES FAUBOURGS

A L'AIDE DES EAUX DU RHONE

NATURELLEMENT CLARIFIÉES.

———————— ✳ ————————

LYON,

DUMOULIN, RONET ET SIBUET,

IMPRIMEURS-LIBRAIRES,

Quai St-Antoine, nº 33.

—

1843.

AVERTISSEMENT.

L'auteur de cette simple Note a voulu résumer ici en peu de mots la pensée générale d'un projet qui a été étudié par un ingénieur des ponts et chaussées (1), et dont est saisie l'autorité municipale ; ce projet consiste à utiliser la pente du Rhône pour élever l'eau nécessaire à la consommation de Lyon et de ses faubourgs, et créer de nouvelles industries ; on prie donc le lecteur de parcourir ce résumé rapide et incomplet avec la plus grande indulgence, et seulement comme une simple indication. L'unique considération qui a déterminé l'auteur à la publicité, est celle de pouvoir plus facilement faire connaître les idées de son collaborateur à toutes les personnes qui sont intéressées à la question.

La pensée d'utiliser ainsi la pente du Rhône, à l'amont de Lyon, est loin d'être nouvelle, elle date même du siècle dernier ; elle a été déve-

(1) M. Dumont.

loppée à diverses reprises. Ce n'est donc pas cette pensée générale qui constitue l'individualité de ce projet, mais plutôt la position de la prise d'eau, celle du canal latéral, l'emplacement des galeries de filtration, des conduites, et surtout les limites étroites dans lesquelles les dépenses se trouveraient renfermées, ce qui en rend l'exécution facile et immédiatement réalisable.

On est loin d'avoir traité ici, même sommairement, les nombreuses et importantes questions que soulève une distribution d'eau dans une grande ville; on s'est borné à indiquer par quels moyens il serait possible d'approvisionner celle de Lyon à l'aide des eaux du Rhône clarifiées, il suffisait pour le moment, d'indiquer au public la pensée générale d'un projet que son véritable auteur se réserve d'ailleurs de faire connaître dans toutes ses parties; on ne doit donc pas s'attacher ici à quelques inexactitudes de détails qu'une étude plus attentive devra faire disparaître, et dont l'influence ne peut être dans tous les cas que secondaire.

NOTE´ SUR UN PROJET

AYANT POUR BUT

D'APPROVISIONNER LYON

ET SES FAUBOURGS

A L'AIDE DES EAUX DU RHONE

NATURELLEMENT CLARIFIÉES.

SECTION PREMIÈRE.

CONSIDÉRATIONS GÉNÉRALES.

Il est généralement reconnu depuis longtemps que le volume d'eau qui alimente la population lyonnaise est insuffisant, et qu'une nouvelle distribution est indispensable et ne peut être différée. J'admettrai donc cette nécessité en principe.

Deux systèmes sont depuis longtemps en présence pour satisfaire les vœux de la cité ; les uns sont partisans des eaux de source, les autres, des eaux du Rhône.

Les premiers allèguent en faveur de leur opinion : 1^0 l'excellente qualité des eaux de source; 2^0 l'invariabilité de leur température; 3^0 leur volume suffisant, puisque M. Mondot de Lagorce, en les jaugeant avec soin à l'époque de l'étiage, a constaté que ce volume s'élevait jusqu'à 22 millions de litres en 24 heures; 4^0 la possibilité de les amener, par un aqueduc souterrain, à la hauteur du Jardin-des-Plantes, etc. Quant aux eaux du Rhône, tout en admettant leur bonne qualité une fois filtrées, ils contestent la possibilité de leur faire subir cette opération artificiellement par grandes masses; ils objectent la difficulté de trouver aux abords de la ville un emplacement satisfaisant, soit pour opérer ce filtrage, soit pour établir les machines ; enfin, les variations de température de ces eaux.

Mais les partisans du fleuve répondent à toutes ces considérations : que si les eaux de source sont d'une bonne qualité, il est généralement admis que celles du Rhône, filtrées, sont aussi d'un emploi agréable et commode pour tous les usages, et qu'une légère différence de bonté, si toutefois elle existe, n'est point une considération à opposer à toutes les autres raisons qui militent en faveur du fleuve ; qu'il est possible, sinon de rendre leur température invariable, au moins de renfermer ces variations dans d'étroites limites. Ils citent pour preuve une foule de points de la cité alimentés aujourd'hui d'une manière très-satisfaisante par le fleuve, l'usage général qui se fait de ces eaux sur toutes ses rives jusqu'à la mer. Ils pensent que le filtrage en grand, naturel ou artificiel, ne présente pas d'insurmontables difficultés ; que, dans une foule de grandes cités, on a employé avec succès les eaux de rivière, et que les résultats de ces expériences ont toujours été satisfaisants ; qu'il est plus naturel, plus économique de prendre aux portes mêmes de Lyon les eaux que ses besoins réclament, que d'aller les chercher à une distance considérable ; qu'il s'élèver d'ailleurs, contre l'emploi des eaux de source, de grandes difficultés : ainsi, pour les amener à la hauteur du Jardin-des-Plantes, il faudrait construire un aqueduc souterrain dont le développement ne serait pas moindre de 13 à 25,000 mètres (puisque le jaugeage, s'élevant à 22 millions de mètres cubes, comprend tous les cours d'eau échelonnés sur la rive gauche de la Saône, depuis Roye jusqu'à Mizérieux) ; que la seule construction de cet aqueduc coûterait une somme énorme, sans compter toutes les difficultés, toutes les incertitudes de ce grand travail.

D'ailleurs, les sources de Roye, de Fontaine, de

Neuville, de Massieux, de Reyrieux, dé Feytan, sont indispensables aux besoins des populations qu'elles traversent; un assez grand nombre d'établissements industriels ont été créés sur leurs rives; il faudrait donc indemniser ces populations, et peut-être serait-il assez difficile de concilier tous les intérêts en présence.

D'un autre côté, le produit de ces sources, en supposant qu'on réussisse à les amener à la hauteur du Jardin-des-Plantes, ne peut-il pas diminuer, comme cela arrive souvent? les réservoirs, les conduits naturels qui les alimentent ne peuvent-ils point s'obstruer par quelque cause naturelle impossible à prévenir et à prévoir, et n'y a-t-il pas quelque imprudence à confier un des plus impérieux besoins d'une populeuse cité à une éventualité de cette nature?

Le Rhône, au contraire, peut fournir l'eau en quantité indéfinie et proportionnée à l'accroissement successif de la population. Ici donc tout se concilie avec les besoins de l'avenir; il n'y a plus de chances, plus d'incertitude.

On objecte encore contre l'aqueduc souterrain, que dans tout son parcours il pourrait absorber un grand nombre de sources, et blesser par là une foule d'intérêts privés; que si, pour éviter ces effets, on le construit en mortier hydraulique, on tombe alors dans des dépenses très-considérables, hors de proportion avec les ressources de la ville et peut-être avec l'importance des résultats mêmes à obtenir.

Aux yeux des mêmes personnes, l'avantage du fleuve est encore qu'il peut fournir l'eau à bon marché, et, selon elles, c'est là une considération d'une bien grande importance pour une population industrielle.

Nous l'avouons, en face d'un aussi grand nombre de raisons contraires, l'esprit demeure embarrassé, et, pour juger sainement cette grande et belle question, on sent le besoin de sortir des affirmations vagues, des données incertaines, pour comparer des faits positifs et des études approfondies.

Or, jusqu'à ce jour, on s'est peut-être trop exclusivement préoccupé d'une seule face de la question, c'est-à-dire de la qualité des eaux. Il en est résulté, il est vrai, des analyses chimiques exactes, des observations consciencieuses ; mais encore là n'est pas toute la question : il faut aussi tenir compte d'une manière positive d'une foule d'autres considérations, telles que la plus ou moins grande facilité, la plus ou moins grande économie des travaux à entreprendre ; car nous pensons que ce n'est pas une différence très-légère et, pour ainsi dire, imperceptible dans la qualité de ces eaux, qui peut seule décider la question.

Dès-lors, le meilleur argument que les partisans du fleuve puissent employer, ce serait, selon nous, de se rendre un compte exact des travaux à entre-prendre et des dépenses à faire. Il n'y a que ce seul moyen pour simplifier la difficulté.

C'est dans cette pensée que nous nous sommes mis à étudier les procédés par lesquels on pourrait amener les eaux clarifiées du fleuve à la hauteur du Jardin-des-Plantes et de la Croix-Rousse. Et, nous l'avouons, cette étude une fois faite, il nous a paru bien difficile de ne pas apercevoir de puis-santes raisons en faveur du Rhône.

Nous allons donc exposer sommairement les résultats de notre travail, espérant que tous les esprits impartiaux seront frappés comme nous des avantages qu'offre ce parti.

SECTION II.

DU VOLUME D'EAU NÉCESSAIRE A LA POPULATION LYONNAISE.

Nous admettons que la population lyonnaise est ainsi répartie :

Lyon	155,939 habitants.
La Guillotière.	25,730
La Croix-Rousse.	18,790
Vaise	5,503
Total.	205,962 habitants.

Le nombre de litres à distribuer par tête et par 24 heures diffère selon les villes. En Angleterre, où l'on a de larges distributions d'eau, on compte, pour Londres, 80 litres par tête et par 24 heures ; Manchester 44, Liverpool 28, Glascow 100, Edimbourg 62. En France il existe quelques villes dotées d'un beau volume d'eau potable ; ainsi Toulouse, alimenté par les eaux filtrées de la Garonne, a 70 litres par habitant , Montpellier 60, Carcassonne 3 à 400, Grenoble 65, Vienne 65. Paris, malgré les grands et beaux travaux qu'on y a exécutés à cet effet, a tout au plus 15 litres par habitant, et la plus grande partie de ces eaux est tirée de la Seine au moyen de machines, les eaux de l'Ourcq n'étant point, en général, potables.

On voit qu'il y a une grande variété dans ces chiffres; c'est qu'en effet le volume d'eau nécessaire à une grande agglomération d'individus est différent suivant le climat, les besoins, les habitudes des populations, les occupations journalières. Il faut cependant reconnaître que ce volume doit être, toutes choses égales d'ailleurs, plus considérable pour les grandes cités industrielles que pour toutes les autres; que les populations ouvrières peuvent surtout trouver dans une large distribution d'eau des compensations à leurs travaux pénibles, et de salutaires conditions d'hygiène. Sous ce rapport, il n'est pas en France de cité dont les besoins soient aussi légitimes que ceux de Lyon, puisque, seconde ville de France, c'est aussi celle qui renferme le plus grand nombre d'ouvriers. Il lui faut donc, non seulement une très-large distribution, mais encore et surtout une distribution gratuite pour la masse de la population, pour les classes pauvres et ouvrières. Est-il, en effet, un besoin plus impérieux et plus légitime que celui de l'eau? et n'est-ce pas un acte d'une haute et sage administration, que celui de la dispenser gratuitement? On verra, par la suite de ce Mémoire, que ce résultat est possible à l'aide des eaux du Rhône, et c'est là, selon nous, une bien grande raison en leur faveur.

D'après ces considérations, nous pensons qu'il ne faudrait, à Lyon, pas moins de 80 litres par tête et par 24 heures, pour satisfaire à tous les besoins de consommation domestique, générale et particulière, de fontaines publiques, de lavage, d'arrosage, etc. Nous avons dès-lors pour Lyon, en y comprenant Vaise et la Guillotière, un volume en litres et en 24 heures, de 14,973,760, ou 748 pouces 68, et pour la Croix-Rousse, 1,501,200, ou 75 pouces. La consommation journalière et totale se composerait donc de 823,68 pouces, ou en nombre rond, 824 pouces (1).

Pour donner une idée sensible de ce volume, je dirai qu'il serait débité par un canal de $0^m,50$ en largeur et $0^m,50$ en hauteur, dont les eaux auraient une vitesse moyenne de $0^m,80$ par seconde.

Cette quantité ne paraîtra pas trop considérable, car on verra par ce qui suit qu'on peut la tirer facilement du Rhône, et qu'il importe d'ailleurs de prévoir les besoins d'une population toujours crois-

(1) Le pouce de fontainier représente un volume en nombre rond de 20 mètres cubes d'eau en 24 heures, ou de 20,000 litres.

sante. Il est vrai qu'il n'est pas actuellement nécessaire que tout ce volume arrive filtré, car cette
condition n'est indispensable que pour les besoins
domestiques, et l'on serait encore au-dessus de la
vérité en établissant le chiffre d'eau potable à 40
litres, et réservant les 40 autres pour tous les
usages de propreté et d'agrément. Cependant nous
n'avons fait dans notre travail aucune distinction
à cet égard, et nous avons supposé que la totalité
des 824 pouces devrait être clarifiée.

SECTION III.

VUE GÉNÉRALE DU PROJET.

Une des plus fortes objections, qu'on a toujours faite à l'emploi des eaux du Rhône, c'est la difficulté de trouver aux abords de la ville un emplacement suffisant pour les filtres naturels et artificiels, et pour les machines. En effet, cette difficulté paraît fort grande au premier abord, car la rive droite semble manquer complètement d'espace en se précipitant à pic dans le fleuve ; et quant à la rive gauche, elle n'a aucune fixité, elle ne présente pas d'emplacement commode, et d'ailleurs elle obligerait à faire traverser le Rhône par les conduites, à bâtir sur un terrain mouvant un château d'eau dispendieux et exposé aux attaques du fleuve. Mais si l'on a toujours rencontré ces obstacles, c'est qu'on ne s'est pas assez avancé en amont sur la rive droite qui, immédiatement au-dessus du faubourg de Bresse, est au contraire admirablement disposée pour cet usage.

En effet, à partir des dernières maisons de ce

faubourg et au pied du coteau, s'étend, sur la rive droite, une petite plaine convexe, connue sous le nom du Petit-Brotteau , et qui va se rattacher en amont à ce même coteau. La plus grande longueur de cette alluvion est de 1,750 m., et sa plus grande largeur de 300 m.; sa surface, très-exactement mesurée, est de 22 hect. 19; son niveau moyen au-dessus de l'étiage varie entre 3^m,50 et 4^m,00; elle est composée d'une couche végétale d'une épaisseur moyenne de 1,50, tout le reste étant sable pur et gravier; enfin on peut l'appeler une alluvion stable, que le fleuve. n'attaque plus, et qu'il est très-facile d'ailleurs de fixer complètement sans grande dépense.

C'est dans cette petite plaine que nous établissons nos filtres, qui vont réunir leurs eaux clarifiées dans un réservoir commun, situé au pied des machines. Ces dernières sont des pompes mues par des roues hydrauliques. Afin de nous procurer la force nécessaire pour élever les eaux à la hauteur du Jardin-des-Plantes et de la place des Bernardines, nous avons projeté l'exécution d'un petit canal latéral au Rhône, qui a sa prise d'eau au moulin de Néron, et dont la longueur est de 6,110 m., depuis ce moulin, jusqu'à l'extrémité aval de la plaine du Petit-Brotteau , où il rejette ses eaux dans le Rhône.

Les pompes et les deux machines hydrauliques

qui les font mouvoir étant situées immédiatement
au pied d'un côteau très-escarpé , il est extrêmement facile de disposer, sur le penchant de ce
dernier, des tuyaux montants qui élèvent l'eau jusqu'à un petit réservoir un peu plus élevé que le
bassin du Jardin-des-Plantes. Arrivées là à l'aide
des machines, les eaux s'écoulent par leur propre
pente et dans une galerie couverte jusqu'à ce jardin, d'où elles sont distribuées dans tous les quartiers et les divers étages des maisons.

Le canal latéral qui prend les eaux du Rhône
au moulin de Néron a un double but : d'abord de
faire mouvoir les roues hydrauliques des pompes
d'alimention de la ville, et ensuite de créer une
force motrice très-considérable en faveur de l'industrie, aux portes mêmes d'une cité populeuse ,
entre une grande route et un grand fleuve.

On remarquera sans doute que cette localité
semble destinée naturellement au double usage
que nous indiquons ; car la composition de l'alluvion ou de la plaine du Petit-Brotteau, permet
à n'en pas douter , et avec beaucoup de succès,
l'établissement des filtres naturels sur une vaste
échelle.

Cette plaine n'est d'ailleurs encombrée par
aucune construction nouvelle , elle s'étend immédiatement au dessous d'un côteau très-escarpé ; on
peut s'y développer avec facilité, soit pour l'éta-

blissement du château-d'eau , des filtres , de tous les accessoires , soit pour les industries que viendrait y créer le canal ; et quoique à une petite distance de la ville , ces terrains n'ont en définitive qu'une valeur assez faible, car ce sont aujourd'hui de simples terrains cultivés.

En résumé, notre projet consiste : 1° à prendre à l'aide d'un canal latéral au moulin de Néron, un certain volume des eaux du Rhône, et à conduire ce canal vers l'extrémité aval de la plaine du Petit-Brotteau , pour de là rejeter ces eaux dans le fleuve, en créant à l'aide de leur chute une force motrice suffisante pour élever les eaux du Rhône nécessaires à la consommation de la ville , et créer de nouvelles et nombreuses industries.

2° A développer dans toute l'étendue de la plaine du Petit-Brotteau des filtres naturels clarifiant les eaux du fleuve, en amenant ces eaux clarifiées dans un réservoir commun situé au pied du coteau.

3° A placer, au pied même du coteau escarpé de la rive droite et à 400 mètres de l'extrémité aval de la petite plaine du Brotteau et vers ce réservoir , des pompes mues par des roues hydrauliques qui élèvent les eaux jusqu'à un petit bassin situé un peu plus haut que celui du Jardin-des-Plantes.

4° De ce petit bassin, jusqu'à ce jardin, les eaux s'écoulent par leur propre pente dans une galerie couverte tracée sur le penchant du coteau de St-Clair.

Pour l'alimentation de la Croix-Rousse on peut adopter indifféremment deux idées; ou bien élever les eaux à l'aide des machines hydrauliques situées au Petit-Brotteau, immédiatement à la hauteur de la place des Bernardines, pour de là les y faire arriver par leur propre pente, à l'aide d'une conduite, se développant sur les hauteurs du coteau de St-Clair, comme pour les eaux de Lyon ; ou bien les amener réunies à ces dernières au Jardin-des-Plantes, pour les faire monter ensuite sur la place des Bernardines, à l'aide d'une petite machine située dans ce jardin. Nous examinerons successivement l'un et l'autre de ces deux systèmes.

Mais nous supposerons provisoirement dans tout ce qui va suivre, que nous devons conduire à la hauteur du Jardin-des-Plantes le volume total de l'eau nécessaire à Lyon et à ses faubourgs (y compris la Croix-Rousse), quantité que nous avons établie, à l'aide des calculs précédents, être de 824 pouces en 24 heures.

Cela posé, rendons-nous compte de la force qu'il faudra dépenser pour élever cette quantité d'eau dans le réservoir situé un peu au dessus du bassin du Jardin-des-Plantes et sur le penchant du coteau qui domine la plaine du Petit-Brotteau.

On admet généralement que le niveau du bassin du Jardin-des-Plantes est situé à 31 mètres au dessus de l'étiage de la Saône au pont de la Feuillée. Nous adopterons cette hauteur qui se trouve consignée dans le Rapport de M. de Lagorce au préfet du Rhône sur les eaux de Roye, en date du 24 octobre 1838. Si nous supposons que le niveau des eaux filtrées dans le puisard des machines coïncide avec l'étiage du Rhône, il faudrait pour avoir la hauteur du niveau du bassin du Jardin-des-Plantes au dessus de celui des eaux filtrées, retrancher de 31 mètres la hauteur de l'étiage du Rhône vers le Petit-Brotteau sur l'étiage de la Saône au pont de la Feuillée. Cette valeur est au moins de 1 à 2 mètres, puisque le Rhône a beaucoup plus de pente que la Saône, et que le Petit-Brotteau est bien plus à l'amont de l'embouchure que ce pont ; néanmoins pour rester toujours au dessus de la vérité dans nos calculs, nous regarderons comme nulle cette valeur, et nous admettrons 31 mètres (1).

C'est donc à cette élévation qu'il faudrait por-

---

(1) Nous pourrions augmenter ce chiffre sans qu'il en résultât la moindre difficulté dans tous nos calculs, ainsi qu'on pourra le voir plus loin.

ter les eaux au Petit-Brotteau à l'aide des machines, car nous ne tenons pas compte de la pente de la conduite, cette pente étant plus que compensée par celle du fleuve. On aura dès-lors pour la force à dépenser par seconde exprimée en chevaux-vapeur $\frac{190 \text{ kil.} 63 \times 31}{75} = 80$ chevaux nombre rond. (Puisqu'il faut élever en 24 heures soit pour Lyon soit pour la Croix-Rousse une quantité totale de 16 millions, 476,960 litres, ce qui fait par seconde $\frac{16{,}476{,}960 \text{ lit.}}{86{,}400} = 190$ litr. 63, et qu'un litre pèse, comme on sait, un kilogramme).

Pour obtenir cette force de 80 chevaux, j'établis deux roues hydrauliques de 40 chevaux chacune. On verra par ce qui suit, qu'il est très-facile de tirer du Rhône bien plus que cette puissance.

Après avoir indiqué ainsi les bases générales du projet, je vais en discuter séparément les diverses parties, en commençant par les filtres, comme la portion la plus importante; puis je considérerai le canal, les machines hydrauliques, l'aqueduc qui, situé sur le penchant du coteau, conduirait les eaux du Petit-Brotteau au Jardin-des-Plantes, enfin l'estimation des dépenses.

SECTION IV.

DES FILTRES.

Rien n'est plus commun anjourd'hui que la pratique des filtres naturels au bord des rivières, et depuis un dizaine d'années une foule de villes se sont alimentées à l'aide des courants d'eau qui baignent leurs murs.

Les filtres naturels que nous avons proposés dans la plaine du Petit-Brotteau , sont situés entre le fleuve et le canal de dérivation, en sorte qu'ils peuvent recevoir les infiltrations de l'un et de l'autre. En procédant ainsi, nous avons pu obtenir un développement de galerie bien plus considérable qu'en tout autre point ; ce développement est en effet de 2,500 mètres, valeur plus que suffisante pour obtenir 824 pouces d'eau filtrée. Pour le prouver, citons quelques exemples : à Toulouse on avait besoin de 200 pouces d'eau ; pour les obtenir on a établi trois filtres, le premier a la forme d'un ovale, sa plus grande longueur est de 108 m., sa plus grande largeur de 10 mètres, et sa surface de 1080 mètres carrés ; ce filtre donne 60 pouces d'eau excellente filtrée, il est situé à 40 mètres du bord de la rivière ; il est vrai qu'on n'est arrivé à ce résultat qu'après quelques essais, quelques épreuves qu'il ne serait point nécessaire de répéter ici.

Le deuxième filtre a été composé d'une suite de puits communiquant par leur fond. Sa longueur totale est de 110 m. et donne 60 à 80 pouces.

Le troisième enfin, pour lequel on a profité de l'expérience acquise dans la construction des deux précédents, est une simple galerie ou voûte, haute de 1 m. 50, large de 0 m. 80, construite en pierres sèches, et dont le fond est situé à 1 m. 14 au-dessous des plus basses eaux de la Garonne ; sa longueur est de 250 m. et il est distant de 30 à 50 m. de la rivière. Ce filtre a pleinement confirmé les espérances des constructeurs, et a donné 140 pouces d'eau. En se basant sur ce dernier résultat, qui est le plus certain, on voit que pour un pouce d'eau il faut à Toulouse un développement de galerie de 1 m. 78 en moyenne, ce qui nous donnerait pour nos 824 pouces d'eau une galerie d'une longueur de 1467 m. en nombre rond. S'il fallait donc se baser sur cet exemple, nous aurions bien plus que la longueur nécessaire.

Notre galerie se compose de trois parties distinctes, la première est située à l'amont, entre le Rhône et le canal, et à 50 m. en moyenne de l'un et de l'autre, elle a une longueur de 300 m.

La seconde a une longueur de 1120 m. ; elle cotoie le Rhône à 60 m. de distance moyenne, et vient rejeter ses eaux dans le réservoir des pompes.

La troisième enfin, de 1080 m. de longueur, est à peu près parallèle au canal de dérivation, et située à 60 ou 80 m. de distance de ce dernier. Elle reçoit les eaux du fleuve échappées à la première galerie, et celles d'infiltration du canal. Ces dernières semblent devoir être toujours abondantes, attendu que son plafond, ainsi qu'on le verra par la suite, en raison de la pente gagnée, sera plus élevé que l'étiage du fleuve.

Cette galerie est, d'ailleurs, sur tout son parcours analogue à celle établie à Toulouse.

C'est un simple aqueduc en pierres sèches, d'une largeur intérieure de $0^m 60$, d'une hauteur de $1^m 50$ dont le fond est de près de $1^m 70$ au-dessous de l'étiage.

J'ai visité dans toutes les directions la plaine du Petit-Brotteau. J'ai demandé aux gens de la localité une foule de renseignements, et j'ai toujours reconnu que le sous-sol, à $1^m 50$ de profondeur et le plus souvent à $1^m 00$ seulement, est un gravier pur ou un gravier mélangé de sable.

Le niveau de la plaine étant, comme nous l'avons dit, à $3^m 50$ au-dessus de l'étiage, il en résulte que la surface supérieure de la couche de

gravier ou de sable, est à 2 m. 50 à 2 m. 00 au-
dessus de ce même étiage. Il n'y aucun doute qu'il
existe à travers ce banc des filtrations constantes
et nombreuses, qui suivent la pente générale du
fleuve, et qui vont le regagner en aval, après avoir
parcouru les couches filtrantes en larges nappes sur
la plus grande étendue de la plaine ; ce sont ces
nappes, ces couches d'eau filtrée que les galeries
devront recueillir et amener dans le réservoir des
pompes.

Ces filtrations, ces nappes souterraines, à travers
les graviers que recouvrent les alluvions plantées
et cultivées du Rhône, sont un fait général que
l'on peut vérifier sur toute l'étendue de ce fleuve,
et je me suis souvent aperçu de ce phénomène,
depuis que mes fonctions m'imposent l'étude
attentive de son régime.

Il existe, au reste, dans la plaine du Petit-Brotteau un puits creusé depuis quelque temps, et qui
fournit de la très-bonne eau. Il est situé près de la
maison du pontonnier, à 30 m. environ du fleuve.
Le propriétaire qui l'a creusé m'a affirmé que
l'eau en est d'une très-bonne qualité et toujours
limpide, même par les crues les plus fortes et les
plus troubles.

On n'objectera pas sans doute que l'alluvion,
sur laquelle nous voulons établir nos filtres, étant
un terrain cultivé et couvert de végétation, il

pourrait en résulter un mauvais goût pour l'eau filtrée ; mais dans tous les cas analogues à celui-ci, les filtrations, en effet, s'opèrent uniquement par-dessous la couche de terre et à travers le sable ou le gravier.

Dès lors, il est parfaitement indifférent que la urface soit cultivée, et ce phénomène est d'autant plus naturel que la couche supérieure étant du limon, l'eau, pour pénétrer dans le sable et le gravier, ne trouve aucun passage à travers cette même couche.

On sait d'ailleurs qu'à Toulouse la surface supérieure de l'alluvion à travers laquelle les eaux se clarifient, est couverte de prairies (1), et s'il fallait citer un autre exemple, nous dirions qu'il en est de même à St-Chamond qui s'alimente à l'aide des eaux du Gier ; ce ne peut donc pas être là une objection sérieuse.

Au reste, tout ce que je puis dire à ce sujet ne vaut pas une visite des lieux, et chacun peut se convaincre par lui-même de la possibilité, je dirai

(1) Ce fait est prouvé par les paroles suivantes de M. d'Aubuisson, en parlant du filtre de Toulouse : « Sur « les gros cailloux on en étendit une couche de plus pe- « tits, puis une couche de gravier, et l'on finit par com- « bler le creux en abattant les digues, dessus on sema du « gazon. »

même de la grande facilité à obtenir un volume très-considérable d'eau filtrée dans la plaine du Petit-Brotteau.

Nous ferons remarquer que rien ici ne devant être donné à l'imprévu, il est bien facile, avant l'exécution, l'adoption définitive même d'aucun projet, de faire des expériences peu coûteuses, capables de convaincre les plus incrédules et d'éloigner toute espèce de chances.

Nous terminerons ce qui a rapport aux filtres, en citant ce que dit M. d'Aubuisson de ceux construits à Toulouse.

« Par les trois appareils du filtrage que nous venons de mentionner, nous tirons tout le parti possible du précieux don que la nature nous a fait en déposant un banc de sable sur les bords de la Garonne, en face de notre château d'eau. Nous y prenons toute l'eau qu'il peut fournir en joignant le maximum de qualité au maximum de quantité, qu'on me permette ce langage mathématique; nous en aurons toujours les 200 pouces qui nous sont nécessaïres. Elle est d'une limpidité parfaite, et dans ses voies souterraines elle a repris la bonté et la fraîcheur qu'elle avait au sortir des hautes montagnes dont elle est descendue en presque totalité. De tels avantages sont inappréciables, ils sont particuliers à notre système de fontaines, et ils lui assurent une supériorité incontestable sur celui de presque toutes les autres villes. Où trouvera-t-on d'ailleurs plus de cent bouches versant sans discontinuité une eau complètement clarifiée, et le mode de clarification n'est-il pas réellement admirable par son efficacité comme par la manière toute naturelle dont il s'opère?

« Alors même que le fleuve qui traverse nos murs ne semble rouler qu'une masse de boue, l'eau qui s'en sépare pour les fontaines, déposant sur la plage toute l'impureté qui la souillait, pénétrant dans des milliers de canaux imperceptibles, se rend d'abord dans les fosses que nous lui avons préparées, et puis descendant toujours ruisselant à travers des cailloux, elle arrive limpide comme du cristal au puisard des pompes qui l'élèvent et la versent dans une cuvette d'où elle va rejaillir sur nos places, et se répandre dans toutes nos rues. »

Qu'on nous permette ici cette citation un peu longue, parce qu'elle peut faire reconnaître le véritable caractère des travaux exécutés à Toulouse. Elle montre combien le succès a été complet, mais il est nécessaire que je cite encore ici quelques paroles de M. d'Aubuisson.

« Mais si par un malheur, continue-t-il, que rien ne présage, dont tout au contraire éloigne la crainte, car la rivière dans son régime actuel tend à agrandir plutôt qu'à diminuer le banc d'alluvion qu'elle nous a donné et qui nous procure ces avantages , si enfin ce banc était enlevé , si les canaux afférents contenus dans cette masse sablonneuse et qui en retenant les matières terreuses, cause de la saleté des eaux , la livrait entièrement pure, venaient à s'obstruer, ainsi qu'il arrivait aux clarifications autrefois usitées dans la ville ; si ces canaux venaient à s'élargir au point de laisser passer quelques filets d'eau trouble, nos fontaines seraient-elles privées du bienfait des eaux filtrées ? Non ; alors nous aurions recours à une clarification artificielle , etc. »

Il résulte, en effet, de ce que dit ensuite M. d'Aubuisson , qu'il serait facile de construire à Toulouse un filtre artificiel occupant un espace de 5 m. carrés, et coûtant 500 fr. par chaque pouce d'eau clarifiée.

La plus grande longueur de l'alluvion de Toulouse est de 500 m. ; sa plus grande largeur de 170 m., et sa surface de 4 hect. 25 seulement.

Il résulte clairement de ce qui précède :

1° Que, quoique l'alluvion de Toulouse soit très-favorable pour une filtration naturelle, la plaine du Petit-Brotteau l'est encore beaucoup plus , parce qu'elle est plus étendue , plus stable, puisque rien n'est plus facile que d'assurer définitivement son existence par une digue en tête ou un simple revêtement de berge s'enracinant au coteau, ainsi qu'on en a déjà le projet pour régulariser les rives du fleuve.

2° Que cette plaine du Petit-Brotteau est une alluvion à base de sable et de gravier à travers laquelle s'opèrent de nombreuses filtrations, ainsi que le prouvent des expériences déjà faites et l'opinion commune des habitants. Qu'en se basant sur l'expérience des faits accomplis, les 2500 m. de galeries qu'on peut y développer facilement sont plus que suffisants pour fournir en 24 heures un volume de 824 pouces d'eau.

3° Qu'en pareille matière rien ne devant être donné à l'imprévu, il est très-facile avant l'exécution des travaux, l'adoption définitive même d'un projet quelconque, de faire des essais peu coûteux, dans toute l'étendue de la plaine.

SECTION V.

DU CANAL DE DÉRIVATION.

Le canal de dérivation a son origine supérieure ou sa prise d'eau un peu en aval du moulin de Néron ; à partir de ce point, il s'établit sans aucune difficulté au pied du coteau et dans une plaine élevée de 3 à 4 m. en moyenne, au-dessus des basses eaux du fleuve. Jusqu'aux environs du château de la Pape, sa construction ne présentera pas la moindre difficulté sur une longueur de 2886 m.

Mais un peu à l'amont de ce château et jusqu'à l'origine supérieure de la plaine du Petit-Brotteau, le fleuve se rapproche beaucoup du coteau dont il baigne le pied. Sur toute cette étendue qui est de 1400 m. l'établissement du canal de dérivation présentera plus de difficultés.

Enfin, depuis l'extrémité amont de la plaine du Petit-Brotteau jusqu'à son extrémité aval, sa construction sera très-facile et peu coûteuse. On ne rencontre pas ici le moindre obstacle. Cette troisième section a une longueur de 1824m.

Il résulte de là, que la longueur totale du canal, est de 6110 m.

J'ai fait mesurer très-exactement la longueur développée du thelweg du Rhône, depuis l'extrémité aval de la plaine du Petit-Brotteau jusqu'au point où j'ai projeté la prise d'eau du canal, et j'ai trouvé que cette longueur était de 6135 m. Il faut diviser cette étendue en deux parties essentiellement distinctes, quant à la pente des eaux. Ainsi, sur une longueur de 4500 m., depuis l'extrémité aval du Petit-Brotteau jusqu'au point où le fleuve change de direction pour venir se jeter en face de la Pape, cette pente est très-forte ; et d'après plusieurs nivellements que j'y ai faits avec soin, on doit admettre qu'elle est en moyenne de 0 m. 95 par kil. ou 0 m. 00095 par m., ce qui donne de ce point à l'extrémité du Petit-Brotteau une chute totale de 0 m. 00095 × 4500 m. = 4 m. 27.

Sur la seconde partie, comprise entre ce point et la prise d'eau du canal, sur une longueur de 1635 m., la pente du Rhône est beaucoup plus faible, et les nivellements m'ont donné en moyenne 0 m. 44. par kilom. ou 0 m. 00044 par m. d'où il résulte une deuxième chute de 0 m. 72.

La pente totale de la prise, à l'extrémité du Brotteau est donc de 4,27 + 0,72 = 4 m. 99. Si l'on calcule d'après ce que nous venons de dire, la pente moyenne sur toute cette étendue, on trouve pour mille mètres 0 m. 84. Cette valeur est un peu plus faible que celle indiquée par M. Mondot de Lagorce dans son nivellement général du cours du Rhône ; car il établit entre Thil et Lyon, sur une longueur de 20,000 m., une pente moyenne de 0,93 par kilomètre.

Nous avons donné au canal de dérivation une pente uniforme de 0,07 par kil. ou de 0,00007 par m., ce qui fait pour sa pente totale $0,00007 \times 6110 = 0,43$.

En retranchant cette valeur de la pente totale 4,99, nous aurons la chute des eaux à l'extrémité du canal de dérivation qui sera de $4,99 - 0,43 = 4,56$. Mais, comme nous le verrons plus bas, nous établissons cette chute, non pas à l'extrémité du canal, au point où il vient regagner le fleuve, mais à 500 m. en amont ; c'est donc une hauteur de $500 \times 0,00007 = 0,035$ à ajouter, ce qui donne pour la chute totale 4 m. 60 en nombre rond.

Cette chute est très-forte, comme on le voit, en raison de la petite longueur du canal de dérivation ; cela est dû à la pente considérable du fleuve à l'amont de Lyon, ce qui place cette ville dans une situation naturellement très-heureuse et dont il importe de profiter

Nous avons admis que la section d'eau du canal à l'époque de l'étiage serait de 12 m. carrés, et sa vitesse de 0 mètre 50, ce qui donne un débit maximum de 6 m. cube par seconde; or, six m. cubes tombant d'une hauteur de 4 m. 60, engendreront une force motrice qui exprimée en chevaux-vapeur, sera de $\frac{4,60 \times 6000 \text{ kil}}{75} = 368$ chevaux. Nous avons vu qu'il ne nous en faut que 80 pour élever les eaux nécessaires à la consommation de la ville.

Mais ce n'est pas sur l'étiage qu'il faut baser le calcul de la force motrice que pourra fournir le canal; car ce cas est nécessairement très-rare et d'une durée très-courte. Pour apprécier toute son utilité, il faut supposer que les eaux du fleuve, et par conséquent celles du canal, soient à leur hauteur moyenne ou la plus habituelle, qui est environ de 2 m. au-dessus de l'étiage; le débit du canal sera alors d'au moins 12 m. cubes par seconde, et la force motrice de 736 chevaux-vapeur.

On pourrait dès lors disposer à la porte même de Lyon, dans un lieu très-favorablement situé pour l'établissement d'industries nouvelles, d'une force totale de 656 chevaux, force énorme, toute gratuite, et qui ajouterait une bien grande valeur à la richesse de cette ville populeuse et industrielle.

J'ai établi la prise d'eau du canal, au moulin de Néron, par les raisons suivantes :

2° A ce point le Rhône baigne immédiatement le pied du coteau, et il y est rejeté tout naturellement par la pente transversale de son lit et la déclivité générale de la plaine de la rive gauche, en sorte qu'il est certain que le courant général du fleuve n'abandonnera jamais ce coteau, où son cours principal a d'ailleurs été toujours établi.

2° Il serait très-facile et peu coûteux de défendre la prise d'eau contre les plus fortes crues, puisque le coteau descend dans le fleuve avec une pente très-raide.

3° La résistance naturelle de la montagne ne peut inspirer aucune inquiétude ; car on peut facilement se convaincre sur les lieux qu'elle se compose de roches solides et inattaquables, au-dessous de la couche végétale du sol. Nous avons supposé qu'à la prise d'eau du canal on établirait une vanne de garde, de manière à régler la hauteur des plus fortes crues des eaux de ce canal à 3 m. au-dessus de l'étiage ; il en est résulté une grande économie dans les frais de construction, et au-dessus de 3 m. il était de peu d'utilité d'introduire les eaux dans le canal, car il en fût résulté une force motrice trop irrégulière pour être employée avantageusement.

Nous avons projeté le canal avec trois profils distincts, chacun d'eux se rapportant à l'une des sections entre lesquelles nous avons divisé la longueur totale de 6,110 mètres, d'après les diverses difficultés qu'on rencontre sur le terrain. Sur tout son parcours le canal doit avoir une profondeur de 2 mètres à l'époque de l'étiage.

Il faut remarquer qu'à mesure que sur le tracé de ce dernier on s'avance à l'aval, on s'élève relativement au fleuve, et par suite relativement à ses crues, par lesquelles ce canal ne peut jamais être sérieusement menacé; ainsi à son extrémité aval le niveau des plus fortes crues n'est qu'à 0,40 au dessus de l'étiage de ses eaux (puisque la chute gagnée est de 4^m 60, et que la hauteur de l'inondation de 1840 au dessus du plus bas étiage est de 5 mètres dans la plaine du Petit-Brotteau), en sorte que le couronnement de ses levées d'enceinte serait à 3 m. 10 au dessus de ces grandes inondations.

On peut donc admettre que, grâce à la forte pente du fleuve, le canal n'a absolument rien à craindre de ses plus fortes crues; le seul point un peu menacé serait peut-être la partie supérieure vers la prise d'eau; mais là, le coteau étant proche, rien n'est plus facile que de se défendre par des ouvrages peu coûteux.

Sur toutes les parties où le canal devrait s'établir immédiatement au pied du coteau, il serait formé par deux murs parallèles construits en chaux hydraulique, le fond étant tapissé en béton pour éviter les filtrations; c'est la portion la plus coûteuse, mais nous l'avons sans doute estimée bien haut, en évaluant la dépense à 310 fr. le mètre courant, ainsi qu'on peut le voir dans l'estimation à la suite de ce Rapport (1).

Il était nécessaire de disposer le canal, à sa partie inférieure, de telle sorte qu'il pût alimenter commodément les roues hydrauliques du château d'eau d'une part, et de l'autre les nombreux établissements industriels à créer. Voici ce que nous avons adopté à cet égard : arrivées à 500 mètres de distance de l'extrémité aval de la plaine du Petit-Brotteau, les eaux du canal entrent dans une chambre d'eau, munie de trois vannes et où viennent aboutir trois canaux secondaires distincts; le premier de ces canaux va desservir les deux roues hydrauliques du château d'eau, placées au pied du coteau; le second ainsi que le troisième sont destinés à faire mouvoir des usines sur tout leur parcours.

(1) Les rapports de section, de vitesse et de pente que nous avons assignés au canal, sont déterminés par les formules d'hydraulique les plus généralement admises. On sait, en effet, que dans un canal à régime constant, tel qu'est le nôtre, ces diverses quantités sont liées par la relation

$$i = \frac{S\,V}{A}\,(0,00004 + 0,000309\,v).$$

Si dans cette équation on fait $S = 10$ m. $V = 0,50$ $A = 12$ m., on a pour la pente à l'étiage du canal, par mètre, $i = 0,00007$, ou $0,07$ par kilomètre.

Chacun des canaux destinés à l'établissement des usines a une longueur développée de 500 m.; c'est donc sur un espace de 1,000 mètres que les industries nouvelles pourraient se développer.

Voici maintenant comment devrait s'opérer la répartition de la chute totale de 4 m. 60 entre le château d'eau et les industries à créer.

Comme il importe avant tout, de mettre les roues motrices de ce château à l'abri des plus fortes inondations du fleuve, nous avons supposé que sur la chute totale de 4 m. 60, il ne serait utilisé pour ces roues que 1 m. 50 de chute, en sorte qu'elles peuvent s'établir à 40 m. 6 — 1 m. 50 = 3 m. 10 au dessus de l'étiage, et que pour les plus fortes crues de 5 m. 00 comme celle de 1840, crues qui n'arrivent qu'à de très-rares intervalles, elles ne seraient noyées que de 5 m. 00 — 3 m. 10 — 1 m. 90. Mais comme ce sont des roues à axe vertical connues sous le nom de turbines-Fourneyron, et qu'elles jouissent de la précieuse propriété de marcher aussi bien noyées de 2 mètr. d'eau qu'à l'air libre, il en résulte que dans aucun cas elles n'éprouveront de chômage, et qu'elles feront leur service aussi bien par les plus grandes crues que par les plus bas étiages.

Ce n'est pas cette seule considération qui nous a déterminé à choisir pour roues motrices des turbines à la Fourneyron, quoique ce soit là sans doute un avantage capital de notre système; il nous a semblé tout naturel de faire choix du moteur hydraulique le plus perfectionné que l'on connaisse aujourd'hui, et celui qui utilise la plus grande partie de la force motrice, effet utile qui s'élève, comme on le sait, pour ces roues jusqu'à 70 pour 100 de l'effet total.

Les turbines ne sont d'ailleurs plus aujourd'hui un moteur nouveau; depuis près de vingt ans elles fonctionnent avec beaucoup de succès dans une foule d'établissements industriels du nord et de l'est de la France. La pratique et la théorie en sont également connues, et il y a déjà six ou sept ans que M. Arago proposait de les employer pour élever l'eau de la Seine, nécessaire pour la consommation de Paris.

Puisque sur la chute totale de 4 m. 60 nous n'utilisons dans le canal du château d'eau que 1 m. 50, il en résulte qu'à la sortie des roues motrices les eaux introduites dans ce canal sont encore douées d'une chute de 4 m. 60 — 1 m. 50 = 3 m. 10, qu'il importe de ne pas perdre ; c'est pour cela qu'une rigole de fuite va les rejeter à un niveau convenable dans un des canaux destinés aux usines.

Quant à ces derniers, leur chute totale qui est toujours pour chacun d'eux de 4 m. 60, serait répartie sur toute la longueur selon les besoins des

diverses industries, et ce n'est que les usines inférieures qui auraient quelques chômages à souffrir
des crues du fleuve; encore serait-il possible de
les diminuer beaucoup en employant les turbines
pour moteur.

Telles sont les diverses dispositions adoptées pour
toutes les parties du canal de dérivation. On voit :

1° Qu'il est possible d'établir une prise d'eau
très-bonne, complètement à l'abri des attaques du
fleuve.

2° Que le canal, en raison même de son élévation au dessus des eaux du Rhône, peut être
rendu très-facilement insubmersible.

3° Que les roues motrices, soit par leur niveau,
soit par leur nature même, n'éprouveront aucun
chômage par des crues aussi fortes que celles de
1840, et que quoiqu'elles n'utiliseront qu'une
hauteur de 1 m. 50 sur la chute totale 4 m. 60, le
reste qui est de 3 m. 10 pourra être employé pour
le service des usines.

On reconnaîtra, sans aucun doute, combien est
favorable la situation naturelle des lieux, qui nous
a permis de disposer les choses de telle sorte,
qu'il est possible de profiter ici de tous les avantages d'un moteur hydraulique, sans avoir, au
moins pour le service des roues du château d'eau,
aucun des inconvénients qui s'y rattachent ordi-
nairement.

Disposées de cette sorte, les roues motrices seraient bien plus favorablement placées que celles de Toulouse, qui, malgré un barrage d'une grande hauteur, peuvent chômer un ou deux jours par les plus fortes crues.

SECTION VI.

DU CHATEAU-D'EAU, DES MACHINES ET DES TUYAUX MONTANTS.

Le château d'eau se compose :

1^0 De deux puisards distincts où viennent aboutir les filtres.

2^0 De deux roues hydrauliques à axe vertical ou turbines, y compris tout leur appareil d'engrenage et leurs coursiers.

3^0 De quatre pompes à la fois aspirantes et foulantes, mues par ces roues.

4^0 De quatre tuyaux montants appliqués sur le penchant du coteau, et qui vont dégorger leurs eaux dans le réservoir supérieur, d'où elles entrent dans la galerie qui les conduit au Jardin-des-Plantes.

5^0 D'un édifice qui recouvre le tout et qui pourrait contenir, en outre, le logement du concierge.

6^0 Enfin d'une rigole spéciale qui conduit les

eaux du canal dans le coursier des roues, et dont nous avons parlé dans la section précédente.

Il faut d'abord faire une observation générale, qui s'applique à toutes les parties de l'appareil, c'est que j'ai toujours eu le soin de partager en deux systèmes essentiellement distincts et séparés tout ce qui est relatif au château d'eau, afin qu'en cas de réparations il n'y ait jamais de chômage complet.

Ainsi les deux roues hydrauliques sont complètement indépendantes; chacune d'elles donnera le mouvement à deux pompes qui prennent leurs eaux dans un puisard séparé de celui où les deux autres pompes vont s'alimenter; il en est de même pour les tuyaux montants; enfin la conduite qui va au Jardin-des-Plantes est elle-même partagée en deux parties.

La quantité totale d'eau à fournir étant de 80 pouces par habitant en 24 heures, chaque roue hydraulique et tout son système en élève 40; en sorte qu'on est toujours sûr d'avoir au moins cette quantité dans les rares occasions où l'on se verrait obligé d'effectuer quelques réparations ou renouvellement aux machines.

Ainsi disparaît l'objection commune d'irrégularité qu'on fait souvent à ces dernières; et il est possible d'établir de cette manière la plus grande certitude dans un service d'eau.

Commençons par calculer les diverses dimensions à donner aux turbines pour que chacune d'elles ait une force de 40 chevaux-vapeur. Nous baserons notre calcul sur le cas d'étiage.

La chute étant alors de 1 m. 50, le volume d'eau dépensé pour chaque turbine sera donné par la solution $Q = \frac{40\,\text{ch.} \times 75}{700 \times 1\,\text{m.}\,50} = 2$ m. c. 857 (parce qu'il est généralement admis que les turbines renden^t en effet utiles les 0 , 70 de la force absolue du mo-teur) ou 2857 litres.

On voit dès-lors qu'à l'étiage, à l'époque de la plus petite chute, c'est-à-dire dans un cas minimum qui ne doit jamais se réaliser, il suffirait cependant pour le service du château d'eau, que le canal débitât par seconde $2,857 \times 2 = 5,714$ m. $= 5714$ litres.

Comme c'est à l'étiage que la chute est la plus faible, la consommation d'eau que nous venons de calculer sera la plus forte; c'est donc sur cette consommation qu'il faut baser le calcul des orifices.

Or, dans les turbines de Fourneyron , la surface des orifices de la circonférence intérieure est donnée par la formule $S = \frac{Q}{0,60 \times v}$: Q représentant la dépense; 0,60 un coefficient de contraction particulière à ce genre d'orifice; v la vitesse due à la chute totale.

Or, dans le cas actuel, nous avons $Q = 2$m.857, et v la vitesse due à la chute totale 1,50 m. est de

5 m. 43. On a dès lors pour la surface des orifices

$$S = \frac{2,857}{0,60 \times 5,43} = 0 \text{ m. } 87$$

Le diamètre intérieur est donné par la formule

$d = V\sqrt{\dfrac{S}{0,14}}$ S étant la surface des orifices, et 0,14 une constante, ce qui nous donne $d = 2$ m. 50 en nombre rond.

On sait que pour déduire le diamètre extérieur du diamètre intérieur il faut multiplier ce dernier par 1,25 ce diamètre extérieur sera donc $D = 2,50 \times 1,25 = 3$ m. 12. La hauteur d'ouverture de la vanne est toujours égale au diamètre intérieur multiplié par 0,14 ; il sera donc ici

$$h = 0,14 \times 2,50 = 0,35.$$

Le nombre des tours que doit faire la turbine dans une minute dépend de la capacité des corps de pompe et du volume d'eau à monter par seconde. Nous avons calculé que dans le cas actuel, d'après la capacité que nous avons assignée à ces corps de pompes il était nécessaire et suffisant que chaque turbine fît 40 tours à la minute, ce qui donne pour la vitesse par seconde, à la circonférence intérieure $v = \dfrac{\Pi \times 2,50 \times 40}{90} = 5$ m. 23 ou les 96 $^0/_0$ de la vitesse due à la chute totale. (1)

(1) Enfin, l'angle que fait le filet fluide à l'entrée de la circonférence extérieure avec le rayon du tambour, a donné par la formule la $Q = \dfrac{V}{2\,v}$ V étant toujours la vi-

Cela posé, cherchons quelles devraient être les dimensions de chacun des quatre corps de pompe. Le volume total, ainsi que nous l'avons vu à la section II, étant pour 24 heures de 16,476,960 litres ou 16,477 mètres cubes en nombre rond, on aura pour le volume par seconde, en mètres cubes, $Q - \frac{16477}{86400} = 0,19$ mètres cubes ; chaque pompe devra donc donner par seconde le quart de cette quantité, parce qu'il y en a quatre, c'est-à-dire 0 048 m. c. Cela étant supposons :

1° Que le diamètre intérieur de chaque corps soit fixé à 0,30

2° Que l'axe vertical de la turbine engrène avec un axe horizontal qui fasse le même nombre de tours par seconde que cette turbine.

3° Qu'à l'axe horizontal soit attachée au moyen d'une manivelle, la tige des pistons devant faire une course entière, aller et retour, par chaque tour de l'axe horizontal.

Cela étant, l'axe horizontal fera dans une seconde une fraction de tour représentée par $\frac{40}{60} = 0,66$, et le piston parcourra le corps de pompe un nombre de fois exprimé par le chiffre $0,66 \times 2 = 1,32$.

tesse due à la chute totale, et v la vitesse de la circonférence intérieure, ce qui donne dans le cas actuel la $Q = \frac{5,43}{10,46} = 0,50$, c'est-à-dire que $Q = 45^0$ à très-peu de chose près.

Comme nous supposons que les quatre pompes sont à double effet, nous aurons en appelant h la course cherchée de chaque piston ,

$0,048 = 1,32\,\Pi(0,15)^2 \times h.$ d'où l'on tire $h = 0,57$. Cette valeur, comme on le voit, est très-applicable et proportionnée au diamètre du corps de pompe (1).

Pour avoir toutes les dimensions fondamentales de la machine, il ne nous reste plus qu'à calculer le diamètre des tuyaux montants , et de ceux qui conduisent l'eau des puisards dans chaque corps de pompe.

Nous admettrons pour cela que la vitesse dans les tuyaux ascensionnels sera la même que celle du piston dans les pompes ; or la vitesse par seconde de chaque piston est de $v = 1,32 \times 0,55 = 0,\mathrm{m}.\,73$. Le volume débité par chaque tuyau dans une seconde devant être de $0,048$, le rayon intérieur r de chacun d'eux sera donné par l'équation $\Pi r^2 \times 0,73 = 0,048$ d'où $r = 0,\mathrm{m}.\,14$.

Nous donnerons à chacun de ces tuyaux en fonte une épaisseur de $0,\mathrm{m}.\,015$.

Nous pouvons donc, d'après les calculs précédents, résumer dans le tableau suivant toutes les dimensions principales de la machine.

(1) Il serait facile au reste de diminuer la vitesse des pistons en augmentant leur diamètre si cela était reconnu préférable.

TABLEAU DES DIMENSIONS PRINCIPALES DE LA MACHINE.

INDICATION DES PARTIES.	DIMENSIONS.
Pour chaque turbine.	
Diamètre intérieur	2 50
Diamètre extérieur	3 12
Largeur de la couronne. :	$0,30 = \dfrac{3,12 - 2,5o}{2}$
Surface des orifices au diamètre intérieur . . , ...	0 87
Hauteur de l'ouverture de la vanne.	0 35
Nombre de tours par seconde. . ,	40
Vitesse à la circonférence intérieure.	5 23
Vitesse due à la chute totale. . .	5 43
Force de chaque turbine. . . .	40 chev. vapeur.
Chute totale à l'époqne de l'éliage.	1 50
Consommation d'eau de la turbine à l'éliage par seconde.	2857 litres.
Angle *q*. . . , ...	45
Pour chaque corps de pompe.	
Longueur de course.	0 57
Diamètre du corps de pompe. . .	0 30
Vitesse du piston par seconde. . .	0 73
Pour chaque tuyau d'ascension ou d'aspiration.	
Diamètre intérieur . . . , . .	0 28
Epaisseur	0 015
Diamètre extérieur	0 295
Vitesse de l'eau par seconde. . .	0 73

On voit par le tableau qui précède , qu'il n'est aucune dimension de la machine qui ne rentre dans les dimensions ordinaires.

Pour la description du jeu de la machine , voir les planches jointes au projet.

SECTION VII.

DE LA CONDUITE DU RÉSERVOIR SUPÉRIEUR DU PETIT-BROTTEAU AU JARDIN-DES-PLANTES.

Les tuyaux ascensionnels des corps de pompe se réuniraient dans le réservoir supérieur du Petit-Brotteau ; ce dernier devrait être situé sur le penchant du coteau, à 31 m. au-dessus de l'étiage du fleuve.

Comme son unique but serait de réunir toutes les eaux pour les verser dans la conduite allant au Jardin-des-Plantes, il ne serait nullement nécessaire de lui donner une grande dimension ; et un petit bassin carré en chaux hydraulique de 2 m. de côté serait suffisant.

Quant à cette conduite, ce serait un simple aqueduc en chaux hydraulique, de 1 m. 50 de largeur intérieure, de 2 m. de hauteur, renfermant à sa partie inférieure deux petits canaux séparés et à pente, chaque canal étant spécial à un système de corps de pompe et devant débiter 40 pouces.

L'aqueduc renfermerait un passage intérieur de 0 m. 50 de largeur pour les réparations.

L'épaisseur de la voûte et des pieds droits serait de 0 m. 50.

Enfin le dessus de la voûte devrait être uniformément situé à 1 m. au dessous de la surface du sol.

Cet aqueduc serait construit à ciel ouvert dans une tranchée que l'on comblerait ensuite.

Nous ferons remarquer qu'il est très-avantageux de l'enterrer ainsi, parce que, sans qu'il en résulte la moindre augmentation dans les frais de construction, l'eau arriverait au Jardin-des-Plantes toujours souterraine et par suite avec une température à peu près invariable.

D'ailleurs, on ne serait point obligé d'acheter le terrain d'emplacement, il suffirait d'une seule indemnité lors de la construction.

Quant à son tracé général, cette conduite s'appliquerait sur le penchant du coteau de St-Clair, en suivant les directions les plus courtes possibles ; elle viendrait dégorger dans un réservoir créé ou a créer au Jardin-des-Plantes ; sa longueur mesurée sur les plans est de 3450 m.

C'est de ce dernier point que partiraient les tuyaux de répartition pour tous les quartiers de la ville.

N'oublions pas ici, que l'eau serait souterraine

sur tout son parcours ; que les galeries de filtration étant bien inférieures au niveau de l'étiage
du fleuve et du canal, et situées à plus de 50 m.
de distance, l'eau recueillie ne devrait point participer des variations de température de l'un et
de l'autre ; d'ailleurs dans son trajet du Petit-
Brotteau au Jardin-des-Plantes, sa qualité ne ferait
que s'améliorer , car non-seulement l'eau serait
souterraine , mais encore on pourrait tapisser le
fond de la conduite de petits cailloux et de sable,
qui opéreraient dans ce trajet comme une seconde
filtration nouvelle, donnant à l'eau une pureté et
une qualité supérieures.

Mais nous ne pensons pas que cette précaution
fût nécessaire.

Nous ne nous occuperons pas de la question de
savoir comment une fois au Jardin-des-Plantes
l'eau serait distribuée dans divers quartiers de la
ville, car c'est là l'objet d'un projet complètement
distinct de celui-ci, et qui n'offre pas d'ailleurs de
difficulté sérieuse ; je dirai seulement que Lyon
ayant toute sa provision d'eau située à un réservoir bien supérieur à toutes ses places, à toutes
ses rues, et aux derniers étages de ses édifices, serait
sans doute alors une des villes du monde les mieux
dotées sous ce rapport.

L'eau pourrait être distribuée par sa seule pres-
sion jusqu'aux étages les plus élevés des maisons.

Sur chaque place on ferait jaillir de superbes jets d'eau.

On aurait dans chaque rue un ou deux tuyaux spécialisés pour les cas d'incendie, et au lieu de pompes, de chaînes, de manœuvres aussi longues qu'incommodes, il suffirait de visser un tuyau, d'ouvrir un robinet pour porter le fluide protecteur sur le point menacé; l'eau, en un mot, acquerrait ainsi la fluidité du gaz.

Toute celle nécessaire à la consommation de la rive droite de la Saône jusqu'à Vaise, descendrait du Jardin-des-Plantes, et traverserait ce fleuve soit sur le pont Tilsit, soit sur le pont du Change. Celle qui devrait desservir la Guillotière et les Brotteaux, franchirait le Rhône sur le pont de la Guillotière et le pont Morand.

J'examinerai, en terminant cette section, la question relative à la consommation de la Croix-Rousse; j'ai dit qu'on pouvait prendre deux partis; ou bien élever l'eau nécessaire à ce faubourg à la hauteur de la place des Bernardines vers le Petit-Brotteau, et construire de ce point une conduite spéciale qui par sa seule pente irait déboucher sur sa grande place; ou bien, comme nous l'avons supposé dans le courant de ce travail, amener les eaux de la Croix-Rousse réunies à toutes les autres au Jardin-des-Plantes, pour les monter de là à la place des Bernardines, au moyen d'une machine hydraulique ou d'une machine à vapeur.

Examinons d'abord le premier parti : dans ce cas il faudrait ajouter à la force de nos roues hydrauliques, celle nécessaire pour élever l'alimentation de la Croix-Rousse, de la hauteur du Jardin-des-Plantes à celle de la place des Bernardines ; or, nous avons vu que l'élévation du bassin du Jardin-des-Plantes au-dessus de l'étiage de la Saône était de 31 m., tandis que d'un autre côté, la hauteur de la place des Bernardines au-dessus du même niveau est de 80 m., ce qui fait une différence de 49 m. L'alimentation de la Croix-Rousse étant de 17 litres 39 ou 17 kil. 39 en poids par seconde, on aura pour cette force motrice supplémentaire exprimée en chevaux $\frac{17.36 \times 49}{75} = 11$ chev. 36. Soit en nombre rond 12 chevaux, il faudrait donc donner à chaque roue hydraulique une force de 46 chevaux, ce qui ne présenterait pas la moindre difficulté ; d'un autre côté la conduite des eaux du Petit-Brotteau à la Croix-Rousse, pourrait être un simple tuyau en fonte, enterré sur les hauteurs du côteau de St-Clair.

(1) Dans tous les calculs précédents, nous n'avons tenu compte que des forces théoriques ; mais ce ne peut être une difficulté, attendu que le canal donnerait des forces en abondance, comme nous l'avons vu.

Ce système ne conduit donc à aucune difficulté, et les dépenses supplémentaires se bornent à celles de la conduite.

Supposons maintenant qu'on établisse une machine spéciale au Jardin-des-Plantes pour la Croix-Rousse, cette machine devant être mue par la chute de l'eau nécessaire à la basse ville et ce volume d'eau étant de 0 m. 173 par seconde, on aura pour la hauteur de chute $x\dfrac{173\ \text{k.}\ \times 4}{75} = 12$ d'où $x = 5$ m. 20.

Il serait sans aucun doute facile de créer une chute de 5 m. 20 au Jardin-des-Plantes.

On voit donc que ce dernier parti, pas plus que le précédent, ne présente de difficulté sérieuse.

Une étude plus approfondie devrait décider de l'adoption de l'un ou de l'autre.

Après avoir examiné les diverses parties du projet, je passe dans la section suivante à l'estimation des dépenses.

SECTION VIII.

1º *Canal de dérivation.*

Nous avons partagé le canal en trois parties distinctes selon les diverses difficultés du terrain.

1º Pour la première partie comprise entre la prise d'eau et un second point situé à l'aval sur une longueur de 2886 m. , le canal s'établit dans une petite plaine, au pied du coteau, sans aucune difficulté.

Par mètre courant, le volume du déblai serait ici de 30 m. 46 à porter à un relai ; nous évaluons la fouille ou transport à 0 fr. 60, soit.   18 f. 09 c.

La dépense du remblai n'est pas comptée dans le chiffre précédent parce que sa valeur est bien inférieure à celle du déblai, et qu'il n'est que de 13 f. 17 par mètre courant.

La surface occupée par le canal est de 22 mètres carrés par mètre cou-

Report. . . 18 f. 09 c.

rant , évalué à 2500 fr. l'hectare ,
car c'est un terrain à peine cultivé ,
soit (1) 5   50

Total . . . 23 f. 59

Nous le portons en nombre rond , à. 24 f.

Dans la 2e partie de 1400 m. de longueur , les
difficultés sont plus sérieuses. Les dépenses du
canal formé de deux murs parallèles en chaux
hydraulique avec fond en béton , se partagent
ainsi qu'il suit :

Déblai à jeter à la pelle , 19 m. 20
à 0,30 . . . . 5 f. 76

8 m. 80 de béton à chaux hydraulique pour tapisser le fond et fonder
les murs, à 10 fr. 88, 00

12m. 96 de maçonnerie à chaux hydraulique pour les deux murs à 15 fr. 194   40

3 m. cubes d'enrochement par mètre pour appuyer le mur extérieur ,
à 5 fr. 15

Total. . . 303   16

Soit pour le prix du mètre courant
en nombre rond . . . . 304 f.

(1) En supposant que cette évaluation parût un peu
faible on pourrait l'augmenter sans difficulté.

Pour la troisième section du canal comprise entre le four à chaux et la première chambre de distribution d'eau, d'une longueur de 1824 m., il n'y a, comme dans la première partie, aucune difficulté. La dépense par mètre courant se répartit de la manière suivante :

1° Le volume de déblai est de 12 m. 90 à transporter à une distance moyenne de 15 à 20 mètres, soit par mètre cube 0 fr. 60, fouille comprise, ce qui donne . . . .   7 f. 74

L'excédant du remblai sur le déblai est de 4 m. 58 à 1 fr. 50.   6   87

La surface de terrain occupé est de 24 m. 40 par mètre courant, à 5000 fr. l'hectare, le terrain étant simplement labourable (1).   12   20

Total par mètre . .   26   81

Soit pour le prix du mètre courant en nombre rond . . . . . .   27 f.

Estimation du Canal.

2886 m.	à 24 fr.	69,264 f.
1400	304	425,600
1294	27	34,938
		529,802

(1) Cette évaluation pourrait encore être augmentée.

Report. . . 529,802

Il faut ajouter les dépenses de prise
d'eau, de vannes, de garde, évaluées à   50,000

Somme à valoir pour dépenses d'a-
queducs souterrains, dépenses impré-
vues, etc. 50,198

Total pour la dépense du canal jusqu'à la première chute d'eau. . . 630,000

Filtres.

La dépense pour construire les filtres se borne-
rait à ouvrir une tranchée, à construire la voûte
en pierres sèches et à recombler.

Le volume du déblai à effectuer par
mètre courant est de 39 m. 93. Nous
porterons le prix de la fouille et du
montage à 2 fr. par mètre cube, soit   79   92

Le volume de la maçonnerie à pierres
sèches est de 0 m. 81 à 3 fr. 50. .   2   84

Total. 82   76

Soit en nombre rond. 83

Estimation des Filtres.

2,500 à 83 fr. 207,500

Somme à valoir pour dépenses im-
prévues, réservoirs, indemnités, etc.   22,500

Total de la dépense des filtres. . 230,000

*Château d'eau, machines, tuyaux montants, ca-
naux à partir de la première chute d'eau.*

Les dépenses pour les machines , le
château d'eau, les trois canaux, les
tuyaux montants, ont été évalués par
un détail qu'il serait trop long d'énu-
mérer, à la somme ronde de . . . 200,000

*Galerie de conduite du Petit-Brotteau au Jardin-
des-Plantes.*

On aurait pour un mètre courant
de conduite 5 m. 30 de maçonnerie à
chaux hydraulique, à 15 fr. le mètre
cube, soit. 79 50
Les déblai et remblai s'élèvent à 23
mètres cubes à 1 franc. 23 00
Les indemnités à donner aux propriétaires pour dommages temporaires
sont évalués à 2 fr. par mètre carré de
surface fouillée, cette surface étant de
7 mètres carrés , on a. 14 00

Total. 146 50
Soit en nombre rond . . 117 fr.

Estimation de la conduite.

La longueur de cette conduite étant
de 3,450 mètres, à 117 fr. 403,650
Somme à valoir pour dépenses im-
prévues, indemnités extraordinaires. 46,350

Total. 450,000

Estimation totale.

1° Canal de dérivation. . . . . . . 630,000 f.
2° Filtres. 230,000
3° Machines, etc. 200,000
4° Conduite. 450,000

Total de la dépense. 1,510,000
A ajouter pour frais d'administra-
tion, employés, etc. 90,000

Total. . . . . 1,600,000 f.

Calculons le surplus des dépenses qu'il faudrait
faire pour monter au niveau de la place des Bernardines les 75 pouces nécessaires à la consommation de la Croix-Rousse, en supposant qu'on
fît une deuxième conduite au Petit-Brotteau, partant d'un second réservoir situé un peu plus haut
que cette place.

Le volume d'eau à conduire par seconde serait de 0,017. Supposons un mètre de vitesse dans la conduite en fonte; un diamètre intérieur de 0,15 serait alors plus que suffisant.

Le mètre courant d'une pareille conduite, toute posée, reviendrait au plus à 30 francs; sa longueur totale étant de 3,000 m., soit   90,000 f.

A ajouter pour supplément de force
aux machines, aux tuyaux montants,
etc. 20,000

Total. . . . . 110,000 f.

L'entretien des machines s'élèvera à une faible somme; à Toulouse, les frais d'entretien ne dépassent pas, d'après M. d'Aubuisson, 5,000 fr.; nous les évaluons sans doute bien haut en les portant, soit ceux de la machine, soit ceux du canal, à 8 à 10,000 fr.

Si l'on voulait établir des machines à vapeur pour élever des eaux, un calcul très-approché montre que leurs frais d'entretien, y compris l'amortissement, ne s'élèveraient pas à moins de 40,000 fr. par année, ce qui représente un capital de 800,000 fr. à 5 pour 0/0, et même d'un million, l'intérêt commun étant aujourd'hui de 4 pour 0/0, tandis que notre canal ne coûte que 630,000 fr· et crée une valeur utile considérable, et qui peut s'élever à plus de 3,000,000; c'est ce qui assurera toujours dans cette question , comme dans une foule d'autres, une supériorité incontestable aux moteurs hydrauliques sur les machines à vapeur.

La dépense totale, largement calculée, étant de 1,710,000 fr., on peut, pour détruire toutes les objections qui auraient pour objet la faiblesse de nos prix ou de nos quantités d'ouvrages , ainsi que pour faire face à l'imprévu, l'évaluer à 2,000,000, mais, sans aucun doute, elle n'irait pas jusque là.

SECTION IX.

CONCLUSION.

Il résulte de tout ce qui a été dit précédemment :

1º Qu'avec une dépense évaluée, au maximum, à 1,600,000 fr., on peut avoir à la hauteur du Jardin-des-Plantes un volume d'eau clarifiée s'élevant à 16,477 mètres cubes en 24 heures, soit, en nombre rond, 824 pouces, ou 80 litres par tête.

2º Qu'en ajoutant à cette dépense 110,000 fr., on approvisionne la Croix-Rousse de 75 pouces d'eau, à la hauteur de la place des Bernardines.

3º Qu'on donne en même temps naissance, à la porte d'un des faubourgs de Lyon, et dans un emplacement commode et peu coûteux, pour l'industrie, à une force motrice qui ne s'élèverait pas à moins de 646 chevaux-vapeur.

4º Que les frais d'entretien de tout l'édifice et du canal, ne doivent pas être évalués à plus de 10,000 fr.

Si maintenant nous comparons les recettes et les dépenses, nous trouverons que la ville, exécutant elle-même, pourrait avoir l'eau non seulement gratuitement, mais avec bénéfice.

Dépense totale.

Approvisionnement de Lyon, la Guillotière, Vaise, etc. . . . . . . 1,600,000 f.

Approvisionnement de la Croix-Rousse. 110,000

Capital représentant les frais d'entretien. 200,000

Total . . . . 1,910,000 f.

La force du cheval-vapeur, en chute d'eau, se vend à Lyon, selon l'emplacement, de 5 à 8,000 f. Quand cette force est produite à l'aide d'une machine à vapeur et qu'elle se loue, elle se paie de 12 à 1,500 fr. par an. Admettons le chiffre le plus faible, et portons à 5,000 fr. la valeur de chaque force de cheval-vapeur, nous aurons pour le capital utile créé 646 × 5,000 f. = 3,230,000 fr., ce qui fait une différence en faveur de la valeur créée de 3,230,000 — 1,910,000 = 1,320,000 fr.

Cette somme suffirait sans doute pour répartir dans l'intérieur de la ville la plus grande partie des eaux amenées, soit au Jardin-des-Plantes, soit à la Croix-Rousse.

Ce résultat peut paraître extrêmement exagéré au premier abord, il n'en est pas moins très-positif; c'est un exemple entre mille de tout le parti qu'on peut retirer des cours d'eau ; car, il faut l'avouer, jusqu'à ce jour nous ne les avons pas utilisés en France autant qu'il est possible de le faire.

Cette valeur de 3,230,000 fr. que nous attribuons à la force créée, n'est peut-être pas une valeur actuelle, qu'il soit possible de réaliser immédiatement, mais elle n'en est pas moins réelle; c'est une richesse nouvelle que la ville de Lyon ferait surgir de son beau fleuve, une richesse qu'augmenterait l'avenir. Ce serait donc, pour cette ville, une dépense productive que celle qu'elle ferait pour alimenter gratuitement sa population.

Ces considérations méritent sans doute d'être pesées : c'est une économie nette de plus de 6,000,000 fr. (montant du projet des eaux de source) ; c'est alimenter gratuitement les classes pauvres; c'est réserver l'avenir.

Mais, dira-t-on, la qualité des eaux, voilà toute la question; avec celles du Rhône vous n'avez ni la limpidité , ni la constance de température. Quant à nous, nous ne partageons pas ces craintes, et pour preuve qu'elles sont exagérées, nous en appelons à l'expérience d'une foule de villes, à l'opinion commune de tous les riverains du Rhône, au bon sens, à l'évidence des faits, et surtout aux conditions toutes particulières de notre projet. Sans traiter ici cette question, qui nous conduirait trop loin et que nous nous réservons de traiter plus tard , nous présenterons cependant ici quelques considérations rapides.

La grande objection qu'on a coutume de faire à l'emploi des filtres naturels ou artificiels, c'est que, dit-on, ils finissent toujours par s'engorger au bout d'un certain nombre d'années, par le dépôt des matières terreuses abandonnées par les eaux troubles. Il arrive alors que la quantité des eaux diminue à mesure qu'augmente leur degré de clarification. Cet effet, ajoute-t-on, s'est produit à Toulouse et dans une foule d'autres villes, et ce serait se ménager de terribles mécomptes que de penser qu'ils n'auront pas lieu dans les galeries que nous proposons. Au premier abord, il faut l'avouer, cette raison paraît spécieuse et concluante ; mais, pour celui qui étudie le phénomène en lui-même, elle n'est pas d'un très-grand poids, et, pour s'en convaincre, il suffit de faire l'observation suivante : Il est bien vrai que lorsqu'une masse qui sert à la filtration des eaux est parcourue par les filets fluides toujours dans la même direction, elle finit par s'engorger ; mais il existe un moyen bien simple de nettoyer le filtre et de lui rendre sa première puissance, c'est de changer la direction de ces filets fluides, de modifier ainsi les routes, les pores par lesquels l'eau se clarifie, et l'expérience prouve que cette opération est toujours suivie d'un plein succès. Ainsi, il existe des filtres artificiels que l'on fait traverser d'abord de bas en haut; puis, quand ils ont besoin d'être nettoyés, de haut en bas.

Nous pourrions citer une foule d'exemples semblables, si ce Mémoire était destiné à envisager la question spéciale de la filtration; mais nous ne voulons ici que rappeler un fait, en attendant que la discussion s'engage sérieusement sur ce point.

Or, examinons ce qui se passe lorsque, sur les bords d'un fleuve, une masse quelconque sert à la clarification de ses eaux. N'est-il pas évident que la direction de ces filets fluides et leur vitesse changent avec l'état variable des eaux de ce fleuve, et qu'à mesure qu'il se forme des nappes souterraines qui vont se réunir dans les galeries, il en existe aussi qui suivent son cours général sans entrer dans ces dernières, entraînant ainsi avec elles les dépôts dont est encombrée la masse filtrante? Ce nettoiement naturel est constant, et c'est là précisément ce qui fait la supériorité des filtres placés au bord des rivières; c'est ce qui leur donne une invariabilité qui égale au moins celle des sources.

Il peut bien arriver que, dans des circonstances particulières, le produit d'un filtre vienne à dimi-

nuer au bout de quelques années, comme cer-
taines sources naturelles tarissent aussi, mais c'est
là un fait spécial sur lequel il n'est pas possible
d'asseoir une théorie. Se produirait-il dans nos
filtres, que nous en serions quittes pour changer
leur direction dans l'étendue de la plaine du Petit-
Brotteau, et nous avons pour cela toute la lati-
tude nécessaire, sa surface étant, comme nous
l'avons vu, de plus de 21 hectares, et sa longueur
de 1,750 mètres. Il faut bien faire remarquer ici
que, sous ce rapport, nos ressources sont bien plus
étendues qu'à Toulouse, car, avec moins de trouble dans les eaux, nous pouvons disposer d'une
surface incomparablement plus grande.

Que si l'on voulait soutenir qu'il arrivera une
époque où la couche inférieure de sable et de
gravier de la plaine du Petit-Brotteau serait entièrement saturée par le dépôt des matières terreuses,
on se trouverait reporté à plusieurs siècles, même
en ne tenant pas compte du nettoiement successif
et naturel (1).

D'ailleurs, dans notre système, la clarification
s'opérerait non seulement par les galeries que nous
avons projetées, mais encore par le canal de dérivation, par la conduite souterraine du Petit-Brotteau au Jardin-des-Plantes, et nous avons la con-

______

(1) Voir, au reste, la section X, à la suite.

viction que tous ces moyens réunis donneraient non seulement de l'eau parfaitement clarifiée, mais encore d'une température dont les variations seraient renfermées dans d'étroites limites. Nous pensons qu'avec les conditions particulières de notre projet, les objections que l'on peut faire à la clarification ne sont pas sérieuses. Nous ne nous en occuperons pas plus longtemps ici, et nous attendrons pour y répondre qu'elles soient produites dans tous leurs détails.

Nous ne pouvons nous empêcher en terminant de faire remarquer, en face des avantages incontestables des eaux du Rhône, les dangers et les embarras de toute nature dans lesquels l'administration s'engagerait gratuitement en donnant la préférence aux eaux de source. Et d'abord, est-on certain du consentement volontaire des propriétaires de ces sources? Ne faudra-t-il pas exproprier le plus grand nombre d'entre eux? Et ce qui est pis encore, exproprier des communes? Ne faudra-t-il pas, quoi qu'on en dise, supprimer une foule d'établissements industriels qui sont la richesse de ces communes menacées; réduire à la misère ou à l'émigration des ouvriers nombreux; lutter contre d'innombrables réclamations; s'engager dans une foule de procès interminables et ruineux? Puis, il est un danger qu'on feint de regarder comme imaginaire, et qui cependant est très-réel, c'est celui de voir absorber par la galerie souterraine la plus grande partie des eaux de source qui coulent aujourd'hui sur le versant du plateau, et qui sont surtout nombreuses du côté de la Saône. Les réservoirs de toutes ces sources sont en général supérieurs à la galerie projetée, et dès-lors, on sent combien il existe de chances pour que la moindre fissure change leur direction, d'autant plus qu'un examen attentif de ce plateau montre qu'il est formé sur un espace considérable de conglomérats, de terrains rapportés, percés en tous sens par d'innombrables ouvertures souterraines. Et qu'on ne cite pas pour éloigner ces craintes, l'exemple de la percée de la Mulatière, qui, dit-on, n'a apporté aucune perturbation aux puits supérieurs, car, on le sent, en pareille matière il n'est pas possible de raisonner sur des analogies; tout dépend des circonstances locales, de la composition du terrain sur lequel on doit opérer. Et d'ailleurs si on admettait ce mode de raisonnement, ne pourrais-je pas citer une foule de percées souterraines qui ont appelé à elles toutes les sources voisines. Il ne faut donc pas égarer la question dans des raisons sans portée; il faut croire, au contraire, avec le gros bon sens, qu'on s'engage dans l'imprévu en fouillant le sol à 50 mètres de profondeur. Ces sources une fois taries, comment indemniser les propriétaires des campagnes qui ornent

les bords de la rive droite de la Saône et qui atta-
chent à leurs eaux non pas seulement une valeur
d'utilité réelle, mais encore d'agrément et d'affec-
tion? Comment remplacer, après l'avoir détruit,
tout ce qui fait le mérite de ces demeures somp-
tueuses qui sont nécessaires aux abords d'une
cité populeuse et riche? Ce qui ailleurs est simple
agrément, devient ici une véritable valeur. Et ne
voilà-t-il pas pour un jury d'expropriation un
champ de recherches bien élastique et bien incer-
tain? Ce qu'il faut surtout aux grandes mesures
administratives, c'est la certitude du succès; n'y
a-t-il rien de plus dangereux que de se lancer dans
l'imprévu, alors qu'on travaille pour deux cent
mille ames et que l'on compromet l'avenir? Or, le
parti d'amener à Lyon les eaux de source fourmille
d'imprévus; imprévu pour l'achat des eaux et le
résultat des expropriations; imprévu pour la conséquence du détournement des sources pour le
bien-être de plusieurs communes; imprévu pour
l'influence de la galerie souterraine sur toutes les
eaux échelonnées de Neuville à Lyon; mais avant
tout, imprévu dans l'exécution des travaux, alors
qu'il est question de creuser un tunnel coûteux de
13,000 mètres au moins, pour amener à Lyon un
volume suffisant, et qui puisse se comparer à la
fourniture des eaux du Rhône. Se figure-t-on bien
les dangers et les difficultés d'une telle entreprise?

N'a-t-on pas vu , il y a peu de temps, une compagnie de chemin de fer, dirigée cependant par un ingénieur très-habile , appréhender beaucoup, parce que dans la ligne de ses travaux devait être creusé un tunnel de 5,000 mètres , et réclamer pour cela une subvention extraordinaire? Est-il possible d'assigner à l'avance un prix déterminé à une entreprise de cette nature? Que trouvera-t-on à 50 mètres de profondeur sur une aussi vaste étendue? nul ne pourrait le dire. Qu'on n'objecte pas qu'on rejette toute cette responsabilité sur une compagnie, sur des marchés à forfait consentis à l'avance, car je réponds qu'on ne trouvera jamais des capitaux sérieux qui consentent à s'engager dans une semblable voie, surtout dans une ville comme Lyon, renommée pour la prudence et l'habileté de ses spéculateurs. Que si la ville consent à accorder à une société une garantie d'intérêt pour les sommes dépensées dans l'exécution des travaux, elle assume alors sur sa tête ce formidable imprévu. Puis, combien faudra-t-il attendre d'années pour voir terminer ce difficile travail? Est-il possible d'assigner l'époque à laquelle Lyon jouira enfin de cette distribution désirée depuis longtemps, et il faut le dire, si nécessaire (1)?

(1) Il y a d'ailleurs contre les eaux de source une objection très-sérieuse et qu'on ne détruira pas ; c'est la

Pourquoi faut-il donc se lancer dans une entreprise aussi hasardeuse, qui exproprie des populations entières, soulève d'innombrables réclamations, d'interminables procès? C'est tout simplement parce qu'on a cru reconnaître que les eaux de Roye étaient un peu supérieures en qualité aux eaux du Rhône, c'est parce que des analyses chimiques douteuses (car qui ne connaît le doute des analyses chimiques) ont accusé quelque différence dans leur composition, parce qu'on a élevé des doutes sur la possibilité, la plus ou moins grande facilité des filtrations naturelles. Mais qu'on me permette de le dire, indépendamment de toute autre considération, s'il était vrai que cette filtration présentât quelques chances défavorables, s'il était absolument nécessaire de choisir entre deux

possibilité ou plutôt la certitude de la formation de tubercules calcaires dans les conduites. C'est ainsi que M. Parent qui possède une usine mue par les eaux de Neuville, atteste, par une lettre écrite au *Courrier de Lyon* et insérée dans le numéro du 19 novembre, « que cette eau de source dépose du carbonate de chaux en si grande quantité que derrière la roue hydraulique, les murs qu'il avait fait réparer à neuf, il y a peu d'années, sont recouverts d'une couche de sel calcaire, et qu'en outre les tuyaux qui conduisaient l'eau dans les foulons ont été tellement obstrués qu'il s'est vu forcé de les faire changer. » Faudra-t-il répéter à Lyon les coûteuses expériences d'une foule de villes?

imprévus, je me hâterais de me prononcer pour celui dont les conséquences devraient être les moins funestes. Je sais combien il est important pour une grande agglomération d'habitants d'avoir de l'eau d'une bonne qualité, de quelle influence est pour l'hygiène publique la nature de cet élément ; je n'oublie pas toutes ces grandes considérations d'intérêt public, mais je ne m'aperçois pas non plus que toutes les populations qui puisent dans le beau fleuve, de Lyon à la mer, aient à se plaindre de cette pratique journalière, et je l'avoue, avant toutes les analyses chimiques, je place le bon sens, la raison commune, la grande voix populaire.

Combien n'y a-t-il pas de villes qui depuis une vingtaine d'années se sont alimentées à l'aide des cours d'eau qui baignent leurs murs ? Et sans sortir de la France je pourrais en citer de nombreux exemples. Tout près de nous, Saint-Etienne n'a-t-il pas depuis quelques années un service de distribution, entretenu par l'eau du Furens, infiltrée dans la plaine qui en borde les rives? St-Chamond, Béziers, Narbonne ne s'alimentent-ils pas dans leurs petites rivières? Carcassonne dans l'Aude, Toulouse dans la Garonne, Angoulême dans la Charente, Dôle dans le Doubs, Gray dans la Saône? et tant d'autres encore ! Paris enfin ne puise-t-il pas dans la Seine?

C'est donc un vertige général que cette pensée

qui consiste à prendre à ses pieds, tout près de soi, ce dont on a un impérieux besoin? Et même on peut dire que le nombre des villes qui s'alimentent à l'aide des sources est fort restreint, que le plus souvent les aqueducs ont été érigés non pas pour conduire des sources, mais des eaux de rivière ou de ruisseau. Marseille, enfin s'épuise-t-elle en d'inutiles sacrifices pour amener dans ses murs une partie des eaux de la Durance? Et si nous voulions tracer l'histoire abrégée des aqueducs romains, nous serions convaincus qu'ils ont été le plus souvent construits pour dériver des ruisseaux, des eaux sauvages.

Mais, dit-on, il arrive un moment où les filtres naturels tarissent. En admettant même ce qui n'a pas lieu, surtout au bord des fleuves rapides, que ce fût un fait général, ce n'est pas là une objection sérieuse, quand les localités sur lesquelles ces filtres se trouvent établis, se prêtent à des changements qui, par la modification possible des filets fluides, opèrent par cela même un nettoiement naturel; puis les sources ne tarissent-elles pas aussi quelquefois, et cela non plus par des causes connues, mais par des effets cachés qu'ils n'est pas possible de prévoir. D'un autre côté, les sources naturelles ont un produit limité, et il n'est pas logique d'assurer sur ce produit les besoins toujours changeants d'une population croissante. Un des grands avantages du Rhône , c'est qu'on pourra y puiser toujours autant d'eau qu'on le voudra , c'est que les travaux qu'on exécutera dans ce but auront un caractère définitif.

Mais j'arrive à une considération qui, selon moi, doit être bien puissante dans ce débat; c'est celle de l'économie. Dans l'intérêt des classes pauvres et ouvrières qui pullulent dans cette grande cité, il leur faut surtout une large distribution d'eau gratuite ; or le Rhône seul utilisé, ainsi que nous l'avons indiqué, peut et doit remplir ce grand but. Supposons, en effet, que la ville adopte ce projet, et que se dégageant des étreintes toujours gênantes d'une compagnie, elle exécute elle-même librement les travaux, elle dépensera au plus trois millions, elle pourra vendre à l'industrie une force moyenne de 640 chevaux et se créer soit immédiatement , soit dans un avenir peu éloigné un capital d'au moins 3,230,000 fr. ; elle pourra vendre à quelques particuliers riches, de l'eau à domicile, et dispenser gratuitement tout le reste, de telle sorte que l'ouvrier pour avoir aussi l'eau jaillissante dans sa demeure, n'ait à faire que la dépense de quelques tuyaux de peu de longueur. Il arriverait ainsi que la ville réaliserait au profit de sa population une belle et solide spéculation. Ce n'est pas là une utopie, et quand même les chiffres des dépenses que nous avons indiqués seraient jugés trop faibles , quand même on les augmenterait du tiers ou de la moitié, on se trouverait toujours conduit par ce système à un résultat satisfaisant. On ne dira pas sans doute que la ville est dans l'impuissance de construire elle-même, car la seconde ville de France a trop de ressources pour reculer devant une dépense de 3,000,000 fr., lorsque ce doit être là un placement de capital productif et plein d'avenir.

N'est-il pas plus logique d'utiliser, en créant des valeurs nouvelles, l'heureuse disposition du Rhône, que d'aller détruire au loin des richesses existantes déjà, et nécessaires à des populations nombreuses? n'est-ce pas entrer dans une voie plus grande et plus large? Je l'ai déjà dit, nous touchons à l'époque où l'on va comprendre enfin toute l'utilité des cours d'eau, et pour la force motrice, et pour l'irrigation ; il y a longtemps que tous les bons esprits défendent cette thèse ; ne serait-il pas digne de la seconde ville de France, de la capitale du Midi, d'une grande cité industrieuse et active, d'entrer la première dans cette voie, et de donner un grand et important exemple?

La création, à la porte d'un des faubourgs de Lyon, d'une puissante force motrice, pourrait être d'ailleurs d'un très-bon résultat pour la navigation du fleuve dans la traversée de la ville. Ainsi son cours se trouve encombré aujourd'hui par des usines flottantes qui occupent la plus grande partie de sa largeur. Avec des forces motrices situées dans un emplacement commode, il deviendrait facile de les supprimer à peu de frais, sans blesser en rien des droits légitimes.

Espérons qu'une administration qui sait s'entourer d'une grande et belle considération, qui déjà a pris l'initiative d'une foule d'utiles mesures, voudra bien réaliser une idée qui, nous le croyons, ne donne rien à l'imprévu et peut conduire à d'heureuses conséquences.

SECTION X.

EXAMEN DU RAPPORT DE LA COMMISSION D'ENQUÊTE.

Au moment de mettre cette Note sous presse on nous a communiqué un Rapport de la Commission d'enquête instituée par arrêté de M. le préfet du Rhône, en date du 3 mars 1841. Nous avons lu avec la plus sérieuse attention ce remarquable travail, fruit des méditations d'hommes si recommandables par leurs lumières, et il en est résulté pour nous des données plus précises sur toutes les faces de la question. Qu'on nous permette d'examiner ici rapidement ce Rapport, de passer en revue les opinions et les arguments qu'il contient. Ce n'est pas que soit entrée un seul moment dans notre esprit la pensée de les combattre, il serait trop présomptueux de notre part de placer ainsi notre sentiment personnel en face de celui de la majorité de la Commission.

Aussi, avons-nous voulu émettre simplement nos doutes, et montrer surtout que les conditions toutes spéciales de ce projet doivent transporter la discussion sur un autre terrain. Le Rapport répond à cinq questions distinctes qui sont les suivantes :

1º Une augmentation dans le service des eaux de la ville de Lyon est-elle nécessaire? Cette nécessité est-elle d'utilité publique ? Est-elle immédiate ? Et l'insuffisance des canaux souterrains ou égoûts est-elle un obstacle à ce qu'il y soit pourvu immédiatement.

2º Quelle est la quantité d'eau dont Lyon a besoin? Quel est le meilleur mode de les distribuer ? Quelles sont les qualités dont ces eaux doivent être pourvues ?

3º De toutes les eaux qui sont à la disposition de la ville de Lyon , quelles sont celles qui réunissent à un plus haut degré les qualités qui viennent d'être signalées comme indispensables, et par suite quelles sont celles qui doivent être employées de préférence ?

4º La loi permet-elle l'expropriation ? Les oppositions formées au projet sont-elles fondées ?

5º La fourniture des eaux nécessaires à l'agglomération lyonnaise doit-elle être concédée à une compagnie moyennant un tarif convenu? ou bien faut-il prendre sur les deniers communaux les fonds nécessaires pour l'établissement de ce service ?

Nous ne nous occuperons ici que de la deuxième et de la troisième question, parce que ce sont les seules qui ont un rapport immédiat avec l'objet de cette Note.

De la quantité.

Le conseil municipal avait d'abord fixé la quantité de la fourniture à 3,000 mètres cubes en 24 heures, et l'a ensuite élevé, par sa délibération du 19 janvier 1836, à 6,000 mètres cubes, dont 3,000 destinés au service des fontaines publiques et gratuites, et 3,000 au service particulier ou à domicile.

La Commission pense que la consommation journalière pour les usages domestiques doit s'évaluer de 20 à 25 litres par jour et par tête, soit un volume fixe de 5,000 mètres par jour pour 200,000 habitants.

Les besoins de l'industrie sont calculés au maximum à raison de 1,000 à 1,500 mètres cubes par 24 heures, le volume destiné à la propreté et à la salubrité à 3,000 mètres.

Ce qui ferait en tout 9,000 mètres cubes par vingt-quatre heures.

Dans notre projet nous avons adopté pour la consommation journalière et totale, y compris tous les faubourgs, 16,400 mètres cubes, nombre rond. Nous sommes donc bien au dessus de la vérité, et il serait suffisant que nos galeries de filtres fussent disposées de telle sorte qu'elles pussent donner seulement la moitié de ce volume d'eau clarifiée, soit 8,200 mètres cubes ou 410 pouces par 24 heures, soit 40 litres par tête. Ces derniers chiffres surpassent même les besoins réels, puisqu'il n'est nullement nécessaire que l'eau destinée au balayage, au service de la voie publique, soit filtrée; mais enfin en les admettant et en se basant toujours sur l'expérience de Toulouse, on serait conduit à ce résultat que les galeries de filtres devraient avoir seulement une longueur totale de 730 mètres (puisque nous avons vu ci-dessus qu'à Toulouse on a pour un pouce d'eau une longueur en galerie de 1 m. 78), et comme dans la plaine du Petit-Brotteau il est possible de développer une étendue de galerie de 2,500 mètres, il en résulte que quand même il y aurait engorgement dans la masse filtrante (ce que nous verrons tout-à-l'heure ne pas être) on se réserverait encore pleinement l'avenir.

Du mode de distribution.

« La Commission est d'avis que le mode de distribution à l'aide de fontaines publiques ou des bornes est loin d'être gratuite, et que cette distribution qui ne se paie pas, coûte réellement plus cher que celle qui aurait lieu à domicile moyennant un tarif annuel. Il résulte de ces calculs que cette dernière pourrait être faite par une compagnie au prix de 0,07 par jour pour une fourniture quotidienne d'un seul hectolitre, et de 0,05 pour chaque hectolitre en sus du premier pour toutes les eaux destinées aux usages domestiques.

« Le prix de celles nécessaires à l'industrie serait de 0,02 par hectolitre. La ville, enfin, paierait à la compagnie 0,04 pour chaque hectolitre coulant dans les fontaines publiques.

« L'eau nécessaire à la consommation d'un individu reviendrait ainsi par année à 4 fr. 56, soit 18 fr. 28 pour un ménage de quatre personnes.

« Si l'on calcule, au contraire, ce que coûte réellement l'eau distribuée par fontaines publiques en raison du temps perdu chaque jour pour le transport, on trouve, d'après le Rapport, une somme annuelle de 60 fr. 65 pour chaque ménage de quatre personnes.

« La distribution à domicile réaliserait donc une économie nette et annuelle de 42fr. 37 par ménage, sans tenir compte de sa plus grande commodité.»

Nous ferons observer, à cet égard, que cette économie est peut-être un peu illusoire, parce que les ouvriers effectuent en général leurs approvi_ sionnements dans des moments perdus, dans les heures de suspension de travail ; que des femmes et des domestiques uniquement consacrés aux soins du ménage en sont chargés , et qu'en définitive il n'en est ni plus ni moins au bout de l'année ; qu'en un mot ce n'est point là une économie qui puisse se réaliser en écus sonnants.

Nous pensons, au reste, que l'ouvrier pauvre, le véritable ouvrier , ne s'abonnera pas à une distribution à domicile, qui lui coûtera 18 fr. 28 par année ; c'est un luxe que ne peut se permettre l'homme qui gagne tout juste sa vie et celle de sa nombreuse famille ; il préférera aller aux fontaines publiques dans ses moments perdus, y envoyer un de ses enfants ; serait-ce en définitive un mauvais calcul pour lui au bout de l'année ? Les économies intelligentes sont toujours difficiles pour celui qui vit au jour le jour , et il arriverait infailliblement que la mesure n'atteindrait pas ceux pour qui elle serait le plus nécessaire.

Il faut reconnaître cependant que la distribution à domicile a des avantages incontestables , qu'elle est la plus intelligente et la seule qui puisse faire prendre à la classe ouvrière des habitudes de propreté. Mais pour qu'elle atteigne son but , qu'elle pénètre dans les ménages les plus pauvres , il ne faut pas qu'elle coûte 4 fr. 56 par tête et par an, il faut au contraire qu'elle soit sinon gratuite , au moins d'un prix très-minime.

Notre projet permettrait d'atteindre ce but phi-
lanthropique. Nous avons vu, en effet, que la dépense pour amener les eaux jusqu'au Jardin-des-
Plantes et à la place des Bernardines, ne devait pas
dépasser 2,000,000 francs ; si , d'après l'avis de la
Commission (1), nous ajoutons 1,000,000 francs,
pour les frais de distribution dans la ville , nous
aurons une somme totale de 3,000,000 fr. , entièrement couverte par la valeur des chutes d'eau
créées , dont la plus faible évaluation s'élève à
3,200,000 fr. , comme nous l'avons vu.

Si donc, l'Administration gardait son indépen-
dance et ne s'enchaînait à aucune compagnie ,
il lui serait possible de faire circuler l'eau gratuitement dans chaque rue, et le propriétaire pour
s'approvisionner à domicile , n'aurait à faire que
la dépense du premier établissement du tuyau latéral en plomb, dépense peu élevée et dont la ville
pourrait même se charger moyennant une faible
annuité payable pendant dix ou vingt années. Il
arriverait infailliblement que les plus pauvres
locataires ne tarderaient pas à s'associer pour
jouir d'une commodité qui leur coûterait si
peu ; il n'est donc pas impossible de concilier
ces deux grands intérêts , la distribution gratuite,
et la distribution à domicile. L'eau , cet objet

(1) Page 109 du Rapport.

de première nécessité, serait donc ainsi répartie avec libéralité et avec largesse; elle rentrerait comme l'air dans le domaine commun, en circulant dans une multitude de canaux, où chacun viendrait la puiser : il serait digne d'une ville comme Lyon, d'entrer une des premières dans ce large et beau système d'institutions démocratiques, qui doit individualiser notre époque. Si l'on traite cette idée d'illusion, qu'on diminue d'un tiers ou de moitié si on le veut, le chiffre de 3,200,000 fr. , et l'on arrivera toujours à cette conclusion, qu'il est possible à l'Administration de réaliser ce beau résultat à l'aide d'un faible sacrifice annuel.

Qualité des eaux.

« D'après le rapport, les conditions essentielles d'une bonne eau, sont au nombre de trois.

« 1° L'égalité de température; 2° la limpidité ; 3° une bonne composition chimique. L'importance de chacune de ces qualités doit être appréciée dans leurs rapports avec les usages principaux, auxquels cette eau doit être destinée ; ces usages sont au nombre de trois : 1° Les usages domestiques ; 2° les usages industriels ; 3° le lavage, le nettoiement et l'assainissement de la voie publique.

« En ce qui concerne l'égalité de température ,

elle est indispensable ; 1° pour les usages industriels , principalement dans l'opération que les teinturiers appellent rinçage , elle importe surtout à l'impression sur étoffes , elle seule peut donner cette égalité de teinte qui fait la beauté de ces dernières ; 2° pour le lavage, la propreté et la salubrité publique , l'état de température est aussi un avantage précieux ; ainsi en été , une eau non échauffée rafraîchirait l'air embrasé, en hiver une eau d'une température moyenne ne gèlerait point dans les rues, etc. »

D'après l'avis de la Commission spéciale , créée par arrêté du Préfet du Rhône, en date du 28 août 1838 , la température maximum de l'eau potable devrait être fixée à Lyon à 15° centigrades. M. le Rapporteur cite plusieurs faits qui prouvent que les eaux de source jouissent précisément de cette égalité de température. Nous pensons que l'eau du Rhône recueillie ainsi que nous l'avons proposé , remplacerait à peu de chose près les mêmes conditions. En effet, par la disposition de nos galeries de filtres nous prenons surtout dans le fleuve les filets des couches inférieures dont la température varie beaucoup moins que ceux des couches supérieures. Ces galeries, soit de filtres, soit de conduite , étant toujours souterraines, et le fluide devant les parcourir sur un espace d'au moins 4,000 mètres, (puisque la galerie de conduite a seule 3,450 mètres), il en résulterait nécessairement que ce dernier prendrait une température moyenne , et cet effet pourrait se réaliser avec d'autant plus de facilité qu'on est maître de modérer autant qu'on le veut la vitesse de l'eau dans ces conduites. Mais il y a plus, c'est qu'il est possible avec une très-faible dépense, de transformer la galerie du Petit-Brotteau au Jardin-des-Plantes en un vaste réservoir, dont la capacité serait de 12,000 mètres cubes environ, c'est-à-dire beaucoup plus que l'approvisionnement d'un jour. En séjournant ainsi dans une galerie souterraine, l'eau acquerrait dans les plus fortes canicules cette fraîcheur qui est si agréable, et dans les plus grands froids de l'hiver la masse environnante lui rendrait une certaine quantité de chaleur. Ce parti aurait encore l'avantage d'éloigner toute chance de chômage. Pour prouver qu'il n'est pas impossible d'obtenir une constance de température bien satisfaisante avec des filtres naturels, nous citerons ici ce que dit M. d'Aubuisson en parlant de la température de l'eau donnée par le premier filtre de Toulouse.

« Depuis qu'il a été ainsi disposé, la qualité de ses eaux s'est non seulement rétablie mais encore améliorée, la limpidité et la saveur en sont parfaites; dans le fort de l'été, lorsque presque toutes les eaux de nos contrées ont une odeur ou un goût plus ou moins sensible , celle-ci a toujours été trouvée par ceux qui sont descendus dans le regard, vive, bonne et fraîche comme de l'eau de montagne ; coulant et séjournant quelque temps à 4 mètres sous terre, et à 40 mètres de la rivière, elle prend une température qui ne varie qu'entre des limites assez rapprochées. Dans l'été, elle n'a pas porté le thermomètre centigrade au-dessus de 17°, et dans le long et rigoureux hiver de 1830, après 25 jours de forte gelée, et le gel ayant pénétré à plus de 1 mètre au dessous de la superficie du terrain qui la recouvre, elle n'a fait descendre le thermomètre qu'à 8° ; avantage précieux ; fraîche en été, elle présente une boisson agréable à la sortie des fontaines ; chaude en hiver, elle garantit nos conduits des effets de la gelée. »

Il faut bien remarquer qu'à Toulouse les eaux entrent dans les conduites en fonte presque immédiatement à leur sortie des galeries de filtre , tandis qu'ici, elles auraient à parcourir une galerie souterraine de 3,450 mètres de longueur ; qu'elles pourraient séjourner dans ce réservoir vingt-quatre heures et plus encore si cela était nécessaire. Il importe aussi de ne pas oublier que ces galeries filtrantes seraient séparées du fleuve par un espace de 60 mètres de largeur au lieu de 40 seulement, comme cela a lieu à Toulouse ; que leur radier devrait être situé à plus de 5 mètres au dessous de la superficie de l'alluvion ; qu'il serait encore possible, puisqu'à la rigueur une galerie de 730 mètres de longueur serait suffisante, de placer cette dernière dans la plaine du Petit-Brotteau, de telle sorte que l'eau, pour parvenir au puisard des pompes, eût encore à parcourir une distance toujours souterraine de 800 à 1,000 mètres.

Quel est donc l'homme de bonne foi qui ne convienne pas avec nous qu'avec toutes ces précautions prises, comme il est en effet très-facile de le faire d'ailleurs, l'eau du fleuve ne puisse acquérir l'invariabilité de température exigée? Et encore nous n'avons pas tenu compte de la différence si essentielle qui existe entre les eaux de la Garonne et celles du Rhône, de la plus grande vitesse de celles-ci, qui les fait moins participer que les premières aux variations de température de l'air extérieur.

Il faut donc reconnaître qu'avec toutes ces conditions, la question de température ne peut plus être un obstacle à l'emploi des eaux du Rhône.

De la limpidité des eaux.

« La Commission reconnaît avec tout le monde, que la limpidité est chose indispensable pour les usages industriels, domestiques et de salubrité. »

De la composition chimique de l'eau.

« Quant à la composition chimique, la Commission est d'avis qu'une bonne eau doit contenir la plus grande quantité possible d'oxygène et d'acide carbonique, peu ou point de sulfate de chaux, ni de matières organiques, et une certaine quantité de carbonate de chaux. La composition chimique de l'eau est une chose très-importante pour son usage dans l'industrie de la teinture ; ainsi les eaux calcaires sont surtout favorables, elles avivent et foncent les couleurs. Il existe déjà à Lyon des sources très-vives, utilisées par les teinturiers ; elles sont de si bonne qualité, qu'on est parvenu à y teindre le blanc avec une perfection qu'il a été impossible d'atteindre dans aucune autre ville jusqu'à ce jour. Il faut remarquer d'ailleurs que Lyon possède déjà des eaux très-favorables aux divers genres de teintures; ainsi avec celles de la Saône qui sont très-douces, on obtient un fort beau noir de peluche ; les autres couleurs se teignent avec succès à l'aide des sources vives et calcaires, qui existent sur le penchant des coteaux qui dominent le Rhône et la Saône, et où de nombreux établissements industriels sont venus se fixer.»

Il nous semble résulter de ces faits, qu'en admettant même, ce que nous ne croyons pas être, que les eaux du fleuve clarifiées fussent pour les usages industriels d'une qualité un peu inférieure à celle des eaux vives de source, ce ne pourrait pas être là une considération bien puissante, puisqu'il reste déjà dans l'intérieur de la cité un certain vo-

lume de ces dernières , qui a suffi jusqu'à ce jour
à quelques établissements d'une nature toute spéciale. S'il fallait d'ailleurs absolument des eaux
de source à quelques usines nouvelles, ne les trou-
verait-on pas toujours aux environs de la ville ,
dans des emplacements d'autant plus favorables
que le terrain et la main d'œuvre y seraient moins
chers ? ne voit-on pas d'ailleurs aujourd'hui une
foule d'établissements de teinture échelonnés sur le
fleuve, principalement du côté des Brotteaux? Nous
pensons donc qu'il faut faiblement tenir compte
de cette considération, dans la discussion de préférence , d'autant plus qu'il y aurait un moyen
bien simple de trancher la difficulté ; ce serait d'a-
mener à Lyon, à l'aide d'une simple conduite, une
des nombreuses sources qui sourdent aux environs
sur le penchant de la Saône, et de la spécialiser
aux usages industriels. On aurait ainsi l'avantage
de tout concilier, et de ne point subordonner à
une considération importante sans doute , mais
secondaire, toute l'économie d'un grand et vaste
projet.

« Le Rapporteur de la Commission paraît ras-
suré sur les incrustations ferrugineuses et calcaires.
En effet, on sait que la formation des premières
n'est point due à la présence des sels contenus
dans l'eau , mais à l'oxydation de la fonte des
tuyaux, produite par la formation des courants

électriques qui s'y développent à l'aide de substances étrangères. Il existe, d'ailleurs, un moyen sûr de les prévenir, il consiste soit à employer des conduites en verre, soit à recouvrir les conduites d'un enduit de chaux hydraulique, de la composition de MM. Guymard et Vicat, composition dont l'expérience a parfaitement démontré l'efficacité. Quant aux incrustations calcaires, elles ne pourraient avoir lieu que par le dégagement de l'acide carbonique ; or, il est facile de le prévenir en évitant la division de la masse fluide mise en mouvement par les couches d'air. »

Il résulte de ce qui précède, que dans la comparaison entre les eaux du Rhône et les eaux de source, il ne doit être nullement question des incrustations ferrugineuses, puisqu'il existe des moyens à peu près certains de les écarter.

Mais il n'en est pas de même pour les incrustations calcaires, et il faut bien reconnaître que, sous ce rapport, les eaux du Rhône ont un incontestable avantage. Ainsi, par exemple, l'eau de source de St-Clément, qui alimente la ville de Montpellier, a une composition presque identique, sous le rapport des sels calcaires, à celle des sources de Lyon, puisque sur un litre elle contient 0 gr. 213 de carbonate de chaux, et que ces dernières en renferment 0 gr. 216. Eh bien ! l'eau de Saint-Clément a produit des incrustations nombreuses, et soixante-quatorze ans après l'établissement des fontaines on s'est vu obligé d'exécuter des réparations considérables; il en serait donc certainement de même à Lyon, je n'en veux pour preuve que les craintes bien légitimes des partisans des eaux de source, qui ont proposé divers moyens pour éviter ces dépôts. Tout le monde sait que ces effets ne sont jamais produits par les eaux de rivière. On a dit, il est vrai, qu'il pourrait bien arriver que dans leur filtration elles vinssent à dissoudre des sels calcaires, mais ce n'est là qu'une simple probabilité, qu'on ne peut pas en bonne logique opposer à un fait certain. D'ailleurs, si cet effet se réalisait, il faudrait admettre alors, que ces eaux ainsi modifiées seront aussi favorables aux usages industriels que celles de source, puisque la prétendue supériorité de ces dernières tient uniquement à la présence d'une plus grande quantité de sel; car, peut-on, sans s'écarter de la vérité, admettre seulement la conséquence fâcheuse d'un fait problématique et en rejeter la conséquence favorable!

Je passe à la troisième question examinée par la Commission. Après l'avoir étudiée sous toutes ses faces, elle a été d'avis que les eaux de source dont la dérivation est demandée, doivent être sous tous les rapports préférées à celles du Rhône.

Nous rappellerons ici qu'une Commission

créée en 1835 par le conseil municipal de la ville de Lyon, pour étudier la question des eaux, a été d'un avis tout contraire, et nous lisons dans le Rapport qui fut alors publié :

« Toutes les conditions qui signalent l'eau de bonne qualité se trouvent réunies dans celle du Rhône ; elle coule rapidement sur un lit de sable et de cailloux, elle est sans cesse agitée, et renferme beaucoup d'air, ce qui la rend sapide. » Le conseil municipal, par une première décision qui n'a pas encore été rapportée, fut du même avis, et décida à une très-grande majorité la préférence des eaux du fleuve. Mais sans nous arrêter à ces opinions contraires, examinons rapidement ce que contient le Rapport sur cette troisième question.

De l'eau du Rhône.

Ce Rapport examine l'eau du Rhône sous les trois points de vue de la température, de la limpidité et de la composition chimique. « Pour la température, cette eau manque complètement d'uniformité, car elle varie de 0^0 à 25^0 ; pour sa limpidité elle est instable comme l'état même du fleuve. » Quant à nous, nous reconnaîtrons que si cela est vrai pour les eaux puisées directement, ce ne l'est plus pour les eaux filtrées qui peuvent acquérir dans cette opération et parfaite limpidité et constance de température. Pour la composition chimique, le Rapport établit « qu'elle est variable selon les saisons, que la quantité d'acide carbonique et de carbonate de chaux est plus forte en hiver qu'en été, que l'eau du Rhône, à Lyon, contient d'ailleurs fort peu de sulfate de chaux; aussi est-elle très-douce, dissolvant bien le savon et cuisant parfaitement les légumes secs, signes auxquels on reconnaît l'absence ou la presque absence du sulfate de chaux. La quantité d'acide carbonique diffère de l'hiver à l'été de 1,82 à 0,65, c'est-à-dire, dans la proportion de 3 à 2. Voici au reste la composition des eaux du Rhône, en été et en hiver :

			Analyse faite en hiver par M. le docteur Dupasquier.	Analyse faite en été par M. Boussingault.
Eau du Rhône.	Gaz	oxygéne.	0,666	0,653
		azote.	1,240	1,153
		acide carbonique.	1,820	0,653
	Sels	carbonate de chaux.	1,150	0,100
		sulfate de chaux.	0,019	0,007

Nous plaçons ici en regard la composition moyenne des quatre sources.

Eau de sources.	Gaz	oxygène.	0,604
		azote.	1,513
		acide carbonique.	3,047
	Sels	carbonate de chaux.	0,226
		sulfate de chaux.	0,012

Il suffit évidemment de comparer ces chiffres,

pour se convaincre que l'eau du Rhône est aussi aérée, c'est-à-dire contient autant d'oxygène et d'azote que celle des sources, ou que la différence est à peine sensible, puisque c'est celle de 1, 90 à 2, 11, que la quantité d'air contenue dans cette eau est à peu près invariable avec les saisons, puisqu'en hiver elle est de 1, 90 et en été de 1, 80. Il est vrai que la quantité d'acide carbonique et de carbonate de chaux est plus forte en hiver qu'en été; cependant, malgré cette différence, l'eau d'été doit être classée parmi les bonnes eaux, attendu qu'elle contient non seulement une quantité très-notable d'air, mais encore 0,65 d'acide carbonique. Ce résultat s'accorde avec le bon sens public. Mais il y a une considération dont on ne tient pas compte; on nous donne bien la composition de l'eau des sources telle qu'elle est recueillie à leur point d'émergence, mais non pas telle qu'elle nous arriverait probablement après avoir parcouru un aqueduc souterrain en pierre sèche d'une longueur de 13,000 m. ; dans ce trajet, en effet, cette composition devrait nécessairement se modifier par le mélange inévitable des eaux d'infiltration et celles des sources voisines absorbées par l'aqueduc ; de quelle nature seront ces eaux nouvelles ? Qu'en résultera-t-il pour le mélange général ? C'est ici que l'on tombe dans le domaine de l'imprévu ; il n'y aurait qu'un moyen d'éviter ces effets, serait de construire l'aqueduc souterrain en chaux hydraulique; mais c'est alors la dépense qui devient un obstacle sérieux. Il résulte donc de ce qui précède : 1° que si l'eau du fleuve est variable dans sa composition, elle n'en a pas moins les qualités d'une bonne eau, que ces variations vont simplement du plus au moins; 2° qu'il est douteux que la nature des eaux de sources fût à leur point d'arrivée identique avec celle qu'elles ont à leur point d'émergence, en raison des mélanges inévitables qui devront s'opérer dans le trajet à 5o mètres au dessous du sol.

Clarification de l'eau.

Le Rapport s'occupe ensuite de l'importante question de la clarification artificielle ou naturelle des eaux troubles, et passe en revue les différents procédés employés jusqu'à ce jour, tels que le repos, l'emploi de l'alun, les divers appareils de filtration artificielle de Souchon, de Fonvielle, etc., et conclut à l'insuffisance de ces moyens pour une grande consommation. Passant au filtrage naturel il dit des galeries filtrantes :

« Ce moyen qui est à coup sûr celui dont on a
« obtenu les meilleurs résultats, est cependant loin
« d'être exempt des chances auxquelles sont sou-

« mises toutes les entreprises industrielles, tous
« les calculs de la science et de la théorie. Mis en
« pratique à Toulouse, où nous venons de voir
« que les puisards avaient échoué, cette ville
« paraît avoir eu à s'en féliciter beaucoup plus
« que toutes celles de l'Angleterre qui y ont eu
« recours. Vous verrez bientôt, M. le Préfet, que
« là aussi des déceptions ont eu lieu, et que cet
« établissement laisse encore à désirer sous plus
« d'un rapport ; nos renseignements ont été re-
« cueillis à une source qui ne saurait être suspecte,
« ils nous ont été fournis par M. l'ingénieur d'Au-
« buisson, auquel Toulouse est redevable de cet
« établissement (1), qu'on s'accorde à considérer
« comme tout ce qu'il est possible de faire de mieux
« en ce genre, etc. »

Afin qu'on puisse bien juger du véritable caractère de l'expérience de Toulouse, je crois qu'il
n'est rien de mieux que de citer ici en leur entier
les propres paroles de M. d'Aubuisson ; j'insèrerai
donc ici à titre de renseignement, tout ce que dit
cet ingénieur des filtres de cette ville, dans son
Histoire de l'établissement des fontaines.

(1) Histoire de l'établissement des fontaines de Toulouse, par M. d'Aubuisson, ingénieur des mines.

Filtres.

« L'eau que ces machines élèvent pour les fontaines, leur est fournie par les filtrations, qui s'opèrent à l'aide des travaux que nous avons faits pour cet objet dans le banc d'alluvion que la rivière a déposé, depuis une cinquantaine d'années, au pied du cours Dillon, et qui est principalement composé de gravier et de sable entremêlés souvent de cailloux, et en quelques endroits d'un limon vaseux.

« M. Abadie, dans son premier projet, celui où il établissait ses machines sur le bord du canal de fuite du moulin du château, avait entouré leurs puisards d'une circonvallation de sable et de gravier contenue dans des cases de maçonnerie : il pensait que les eaux du canal, en traversant cette masse filtrante, y déposeraient leurs saletés et arriveraient claires à ses pompes. Par une disposition ingénieuse qui était permise par les localités, il pouvait faire traverser, mais en sens contraire, cette même masse par les eaux de rivière ; en le faisant lorsqu'elles étaient claires, il espérait nettoyer ses sables et sans déplacement.

« A ce mode naturel de clarification, M. Virebent proposa de substituer celui dont on faisait usage, depuis plusieurs années. dans les appareils qui fournissaient aux habitants presque toute l'eau potable. Ici l'eau s'épurait en traversant, non horizontalement une masse de sable comme dans le projet de M. Abadie, ni de haut en bas comme dans les fontaines filtrantes ordinaires, mais de bas en haut, et à plusieurs reprises.

« Ces projets furent soumis à l'Académie des sciences, qui nomma, pour les examiner, une commission dont M. Maguès faisait partie. Elle fit des observations dans différentes clarifications de la ville, et il en résulta que lorsque les eaux de la Garonne sont très-sales, on ne peut les purifier complètement qu'en les faisant passer successivement à travers 4 couches de gravier et de sable, ayant 4 pieds d'épaisseur chacune ; et que 1 m. c. 00 de ces couches, supposées placées les unes sur les autres, ne clarifie que 20 m. 00 en 24 heures : c'est un pouce d'eau. D'après ces résultats, qui furent exposés en détail dans le rapport de M. Maguès, l'Académie conclut à ce que les moyens présentés par MM. Abadie et Virebent n'étaient pas suffisants pour clarifier 200 pouces d'eau.

« M. Maguès penchait pour les filtres naturels ; et lorsqu'on projetait de s'établir à la pointe de l'île de Tounis, il croyait qu'un vaste puits qui y serait creusé, fournirait une quantité d'eau considérable ; cette opinion lui était suggérée par les observations qu'il avait faites sur le produit des puits de cette île, produit toujours abondant et limpide.

« Aussi, lorsqu'on se porta à Saint-Cyprien, il s'empressa de demander qu'on ouvrît, pour essai, une fosse dans le banc d'alluvion qui est au dessous du cours Dillon : elle fut commencée près de ce cours.

« Quelque temps après, M. Chaumont, qui se chargea de ce qui concernait les filtres, la fit porter plus près de la rivière. Il lui donna 3 m. 10 de profondeur, et 14 m. oo de long sur 8 de large dans le bas. A l'aide de vis d'Archimède, il en épuisait l'eau ; il observait ensuite le temps qu'elle mettait à s'élever à une certaine hauteur, et il en concluait le produit de la masse filtrante circonvoisine ; cette eau était d'ailleurs très-belle. Trois expériences qu'il fit de cette sorte le portèrent à penser qu'on obtiendrait les 200 pouces d'eau voulus, à l'aide d'une excavation de forme elliptique, ayant dans le haut 33 m. 00 de long et 23 m. 00 de large, et dont le fond serait à 1 m. 00 au dessous du niveau des basses eaux de la rivière. La commission vit bien qu'il n'y avait que peu de rapport entre le produit obtenu dans ces expériences, où le terrain, tout imprégné d'eau qui entourait l'excavation, était comme un réservoir qui les y versait dès sa mise à sec, et le produit que l'on aurait, lorsque ce même terrain, desséché par un écoulement continu, ne fournirait plus dans le bassin, en un certain temps, que l'eau qui aurait pu filtrer durant ce temps à travers le massif de terre qui le séparait de la rivière. Toutefois elle adopta la proposition de M. Chaumont ; sauf à augmenter par la suite l'étendue de l'excavation, jusqu'à ce que les besoins des fontaines fussent satisfaits.

Premier filtre.

« Pour commencer ce travail, il fallut attendre l'entière confection des canaux de fuite, afin de procurer un écoulement aux eaux qui allaient arriver avec abondance dans les profondes excavations faites près de la rivière et au dessus de son niveau.

« A partir de la tête de ces canaux, on ouvrit, dans le banc d'alluvion, un fossé que l'on poussa jusqu'au lieu où devait être le bassin destiné à recevoir le produit des filtrations ; et on donna à ce bassin la forme et les dimensions projetées.

« Lorsqu'il fut terminé, on jaugea, à diverses reprises et la rivière étant à différentes hauteurs, le produit des filtrations : il ne fut que de 56 à 73 p. d'eau, et moyennement de 60. D'ailleurs cette eau était toujours liquide, quel que fût l'état de la rivière.

« Ainsi, il était évident qu'on pouvait compter sur la qualité des eaux, et établir définitivement la conduite qui devait les mener aux puisards des machines hydrauliques. On avait d'abord projeté d'employer des tuyaux en poterie ; mais on trouva plus convenable de faire usage de ceux en fonte. On leur donna 0 m. 305 de diamètre ; on les posa au fond du fossé creusé pour les recevoir. Au point où cette conduite joignit le cours, on établit un petit réservoir ou cale, pour retenir les sables que l'eau pouvait amener.

« Quant à la quantité, 60 pouces étaient manifestement insuffisants ; ce n'était pas le tiers de ce qu'il fallait : en conséquence, on prolongea le filtre dans le banc d'alluvion, jusqu'à lui donner 108 m. 00 de long , sur une largeur moyenne de 10 m. 00 au fond ; il avait ainsi 1080 m. c. 00 de superficie. Mais l'augmentation du produit fut loin d'être proportionnée à l'augmentation en étendue : le prolongement avait été creusé dans un terrain comme desséché par la première excavation ; elle recevait presque toutes les filtrations qui avaient lieu dans ce terrain, et on n'en trouva que peu de nouvelles ; en résultat, d'après divers jaugeages, on n'obtint que de 0 à 0 m. 00 d'eau (1); c'était à peine une moitié en sus de ce qu'on avait déjà , et l'étendue avait été plus que quadruplée.

«Toute l'excavation fut entourée d'une forte digue

(1) Il y a une faute dans le texte qu'on n'a pas corrigé.

qui s'élevait à 3 m. 60 au dessus du terrain environnant , et à près de 6 m. 00 au dessus des moyennes eaux de la rivière ; elle la mettait ainsi à l'abri des hautes inondations.

« Ce filtre donna d'abord une fort bonne eau ; mais dès la seconde année, une végétation de plantes aquatiques commença à s'y établir, et à altérer la qualité de ses produits. L'année suivante, le mal empira : les rayons du soleil, traversant sans obstacle une couche d'eau mince et parfaitement transparente, atteignaient le fond dans toute leur intensité ; ils y développaient une forte chaleur, laquelle était encore augmentée par l'effet et la réverbération des bords et des digues. Par suite, la végétation y acquit une vigueur extrême ; les divers moyens employés pour la détruire furent sans effet : des reptiles s'y joignirent ; et ces plantes, ces animaux, en mourant et se putréfiant dans une eau tiède, la rendaient très-mauvaise. Il fallut se presser de porter un remède au mal, encore un an, et il eût été absolument intolérable. L'eau était très-bonne en entrant dans le filtre , et vicieuse lorsqu'elle en sortait : la forte chaleur et la lumière en étaient la cause manifeste, il fallait l'attaquer : on ne le pouvait qu'en couvrant le filtre ; j'émis l'idée, on remplit le fond avec des cailloux, et puis on le combla.

« Ce fond fut en effet nettoyé aussi bien que possible; on établit ensuite, dans sa longueur, un petit aqueduc en briques simplement superposées et sans mortier ; puis on remplit le bassin de gros cailloux bien lavés, jusqu'à la hauteur des moyennes eaux de la rivière. De cette sorte, les filtrations qui pénétraient dans l'excavation (et c'étaient les mêmes qu'avant le remplissage), coulant dans les insterstices des cailloux et des briques, ainsi que dans l'aqueduc, se rendaient, sans obstacle sensible, et par conséquent sans diminution de quantité, jusqu'à l'entrée de la conduite en fonte, tout comme si le bassin fût resté entièrement vide et découvert. Sur les gros cailloux, on en étendit une couche de plus petits ; puis une couche de gravier, et l'on finit par combler le creux en abattant les digues : dessus, on sema du gazon. L'ancienne prairie, à la surface du banc d'alluvion, fut ainsi rétablie dans son entier. Le filtre, qui est au dessous, dérobé aux yeux du public, ignoré en quelque sorte de lui, est maintenant à l'abri des effets de la malveillance et de la manie destructive des enfants : il n'existe plus de frais de garde et d'entretien. Un grand regard, placé en tête, au dessus du point où l'eau entre dans la conduite en fonte, permet d'y descendre et de visiter cette partie, qui est la plus importante.

« Depuis qu'il a été ainsi disposé, la qualité de ses eaux s'est non seulement rétablie, mais encore

améliorée : la limpidité et la saveur en sont parfaites. Dans le fort de l'été, lorsque presque toutes les eaux de nos contrées ont une odeur ou un
goût plus ou moins sensible, celle-ci a toujours
été trouvée, par ceux qui sont descendus dans le
regard, vive, bonne et fraîche comme de l'eau de
montagne. Coulant et séjournant quelque temps à
4 m. 00 sous terre, et à 4 m. 00 de la rivière, elle
prend une température qui ne varie qu'entre des
limites assez rapprochées : dans l'été, elle n'a pas
porté le thermomètre (centigrade) au dessus de
17°; et, dans le long et rigoureux hiver de 1830,
après 25 jours de forte gelée, et le gel ayant pénétré à plus de 1 m. 00 au dessous de la superficie
du terrain qui la recouvre, elle n'a fait descendre
le thermomètre qu'à 8°; avantage précieux : fraîche en été, elle présente une boisson agréable à sa
sortie des fontaines; chaude en hiver, elle garantit nos conduites des effets de la gelée.

«La dépense s'élève pour la dépense
proprement dite fouilles. . . . . . 14 105fr.

« Coupures, à l'effet de faciliter les
filtrations, avec les cailloux dont elles
sont remplies. 4 344

« Conduite en fonte. 14 127

«Remplissage en cailloux, et comble-
ment. 12 096

Total. . . . . . 44 672fr.

« Aujourd'hui que nous sommes éclairés par l'expérience, le filtre, tel que nous l'avons, s'il était à faire, ne nous coûterait pas la moitié de cette somme.

Deuxième filtre.

« Mais enfin, cet excellent filtre ne fournissait pas 100 pouces d'eau, et il en fallait plus de 200 : on dut en établir un second.

« Le mieux est l'ennemi du bien; nous l'éprouvâmes dans cette circonstance. Au lieu de faire le nouvel appareil semblable au premier, on dit : Celui-ci donne trop peu d'eau, rapprochons-nous de la rivière, et nous en aurons davantage. Un des hommes de l'art appelés à cette discussion, après avoir rappelé combien les puits creusés près la rivière, notamment ceux de Tounis, sont abondants et en eau toujours claire, proposa d'en ouvrir plusieurs sur le bord du banc d'alluvion, et de les mettre en communication entre eux et avec le château d'eau. Cette idée fut adoptée, et un projet, auquel elle servit de base, fut agréé par le conseil municipal, le 3 février 1827, et puis approuvé par l'autorité supérieure.

« En conséquence, en aval du premier filtre, et à 10,00 environ de la rivière, on ouvrit et poussa une tranchée jusqu'à la rencontre du quai. Sur le fond on éleva onze tours ou puits en briques, mais sans mortier jusqu'à 1 m. 00 ou 1 m. 30 au-dessous de la surface du sol, et on les recouvrit de plaques en fonte : on joignit leur pied par des tuyaux , lesquels reposaient sur le fond de la tranchée : on jeta du gravier par-dessus, et le reste de l'excavation fut comblé avec la terre qu'on en avait retirée. A l'extrémité, contre le mur du quai, on établit une cale qui reçut aussi l'eau venant du premier filtre : les deux eaux se réunissaient et se rendaient ensuite de concert aux puisards des machines, par la conduite déjà posée dans le canal de prise d'eau.

« Les résultats furent peu satisfaisants, et ne répondirent pas à notre attente. On n'eut pas plus de 60 à 80 pouces d'eau, et elle fut fort médiocre. On avait traversé une bande de terrain vaseux ; et malgré le soin de bien luter les tuyaux dans cette partie, malgré le gravier qui y fut mis en grande quantité, un léger goût de vase se communiqua à l'eau. Se trouvant trop près de la rivière, elle en conserva la température : dans l'hiver dernier, sa chaleur a diminué jusqu'à n'être que 2° du thermomètre, et dans l'été elle va à plus de 21°. Cette haute température donne lieu, dans l'intérieur du filtre, à une végétation de petites plantes aquatiques et chevelues ; leurs débris emportés par le courant, sont quelquefois si déliés, que, malgré les toiles métalliques employées à les retenir, l'eau puisée en de certains moments est chargée de petits filaments ou points roussâtres , qui lui donnent un aspect peu agréable. Enfin les tuyaux de fonte placés au fond du filtre sur toute sa longueur, continuellement plongés dans nne eau presque stagnaute, s'y oxydent (rouillent) fortement ; l'oxyde donne aux végétaux la couleur rousse que nous venons de mentionner, et, se mêlant à l'eau en particules imperceptibles, il finit par salir les marbres sur lesquels elle coule.

« Ces mauvaises qualités, assez sensibles quand cette eau est prise isolément, le sont beaucoup moins quand elle est mêlée avec celle du premier filtre ; mais il n'en est pas moins vrai qu'elles altèrent l'excellente qualité de celle-ci. On cherchera à remédier au mal , d'abord en enlevant les tuyaux de fonte que l'on remplacerait par un simple cailloutage ; et, si cela ne suffisait pas, il faudra bien se résoudre à abandonner complètement ce second appareil, malgré une dépense de 27,055 francs à laquelle il a donné lieu.

Troisième filtre.

« Cette considération, jointe à l'insuffisance du produit des deux filtres (car dans l'automne de 1828 et dans l'hiver suivant , où la rivière a été, il est vrai, beaucoup plus basse que d'ordinaire, ce produit ne s'est pas élevé à plus de 140 pouces, et il en faut de 200 à 250) ; ces considérations, dis-je, ont porté l'aministration municipale à entreprendre un troisième filtre ; l'exécution en a été décidée le 17 janvier 1829.

« Mais cette fois mettant à profit les leçons d'expériences assez chèrement payées, on ne se hasarda plus dans de nouveaux essais, et l'on résolut de faire le nouvel appareil exactement semblable au premier, c'est-à-dire de le baser entièrement sur les mêmes principes.

« On ouvrit en conséquence une tranchée dans le banc d'alluvion, en amont de l'ancien filtre, et à un assez grand éloignement pour ne pas lui enlelever les filtrations qu'il recevait déjà ; elle a été menée parallèlement au bord de la rivière, à une distance de 30 m. 00 à 50 m. 00, jusque vers l'extrémité du banc ; elle prend ainsi toutes les eaux qu'il peut fournir, et elle aura 250 m. 00 de long. Le fond en sera à 1 m. 14 au dessous des basses eaux de la rivière.

« Sur ce fond, on a établi une petite galerie consistant en deux murs de briques simplement superposées, et recouverte en dalles de pierres : les dimensions en ont été réduites le plus possible (1 m. 50 de hauteur et 0 m. 60 de large) de manière à ne laisser que ce qui est strictement nécessaire au

passage d'un jeune homme. L'espace compris entre la galerie et les parois de l'excavation fut rempli
de gros cailloux bien lavés : au dessus, on répandit
une couche de gravier de 0 m. 66 d'épaisseur;
puis on combla avec de la terre sablonneuse extraite
de la fouille, et on sema du gazon à la superficie.

« Les eaux qui, en traversant la masse filtrante
comprise entre la rivière et cette excavation, par-
viennent au fond de celle-ci, sont conduites vers
le quai par une rigole ou nouvelle tranchée, entièrement semblable à la première, garnie comme
elle, et qui n'en est que le prolongement. Elle
atteint le quai près de la cale du premier filtre;
ses eaux y sont reçues dans une autre cale prati-
quée à côté, d'où elles traversent le quai dans un
aqueduc maçonné, lequel se continuant dans la
rue Basse va aboutir au château d'eau.

« Cette direction, tracée par M. de Montbel, lequel a eu la principale part dans la confection du
projet, avait pour but de rendre le troisième filtre
entièrement indépendant des deux autres ; et cela
par suite du principe qui a présidé à l'établissement
de notre système de fontaines, à l'effet d'assurer la
continuité de leur service, et qui consiste à avoir,
pour les parties principales (comme les machines),
deux appareils entièrement distincts, de manière
que l'un puisse toujours fournir pendant que l'autre serait en réparation.

« Au moyen des communications établies entre les deux cales, à l'aide des vannes que l'on ouvre et ferme à volonté, les eaux du premier et du troisième filtre, qui d'ordinaire se rendront au château d'eau par deux voies différentes, peuvent être toutes jetées ou dans l'une ou dans l'autre de ces voies, ce qui donne encore une plus grande facilité pour les réparations.

« Enfin, M. Castel, aujourd'hui ingénieur des eaux de la ville, eut l'idée de pousser l'aqueduc maçonné jusqu'au *canal de fuite*, un peu en aval du château d'eau, et de commencer les travaux en partant de ce canal dont le radier était de 0 m. 56 plus bas que celui de l'aqueduc. Dès-lors s'écoulaient tout naturellement les eaux que l'on allait trouver en abondance, en creusant une tranchée de 700 m. 00 de long, à plus de 2 m. 00 au dessous du niveau de la rivière, et dans un banc de sable déposé sur son bord. Sans la communication proposée, une somme de 20,000 francs n'aurait pas suffi à leur épuisement; avec elle, les constructions de l'aqueduc et de la galerie, se faisant sur un sol à sec, s'exécutaient mieux et avec plus de facilité; et surtout on avait le très-grand avantage, dans le cas où l'on aurait quelque travail, réparation ou recurement à faire au filtre, et par conséquent où l'on en salirait les eaux, de les jeter directement dans le canal, sans leur faire traverser les puisards des machines, et par suite, sans être obligé d'arrêter le service des fontaines pour qu'elles ne donnassent pas de l'eau sale.

« Ce précieux avantage, qu'on n'avait pas aux deux premiers filtres, a pu leur être procuré à l'aide d'un second petit aqueduc mené directement à la cale où se joignaient leurs eaux. Par une disposition ingénieuse, ces eaux, soit seules, soit mêlées avec celles du troisième filtre, peuvent être jetées à volonté ou dans le château-d'eau ou dans le canal de fuite.

» Ces divers travaux du troisième filtre ont coûté 67,871 fr.

» La quantité d'eau qu'on a obtenue est à peu près égale à celle des deux premiers pris ensemble.

« Quant à la qualité, l'eau en est parfaitement bonne et limpide, tant que la Garonne demeure dans son lit ; mais dans les crues, lorsqu'elle déborde, et qu'elle recouvre le terrain sous lequel sont les excavations, ses eaux y pénètrent, soit par quelque fissure encore inaperçue, soit en traversant des terres non suffisamment tassées, et elles en sortent un peu louches. Heureusement le premier filtre, travaillant alors sous une forte charge, fournit suffisamment au service, et on peut se passer de ses eaux ; elles sont envoyées directement dans le canal de fuite.

« En temps ordinaire, le seul reproche qu'on puisse faire à ce filtre, ainsi qu'au premier, c'est de n'être pas entièrement exempt, dans son intérieur, d'une végétation souterraine : les brins de bissus qui s'en détachent sont souvent portés par les eaux jusqu'à la cuvette du château-d'eau, où il faut employer des toiles métalliques pour les retenir. S'il était nécessaire, on les arrêterait encore sous terre, par des batardeaux composés de gros morceaux de charbon, et dont la place est réservée dans l'aqueduc qui amène les produits du troisième filtre ; l'eau en les traversant y déposerait aussi les germes de corruption qu'elle aurait pu prendre dans son cours. Au reste, rien n'a encore décélé ces germes ; et même l'inconvénient des filaments végétaux, qui était grave dans l'origine, a beaucoup diminué ; il est absolument insensible dans l'eau qui sort du château-d'eau.

» Par les trois appareils de filtrage que nous venons de mentionner, nous tirons tout le parti possible du précieux don que la nature nous a fait en déposant un banc de sable sur le bord de la Garonne, en face de notre château-d'eau. Nous y prenons toute l'eau qu'il peut fournir, en joignant le maximum de qualité au maximum de quantité, qu'on me permette ce langage mathématique ; nous en aurons toujours les 200 pouces qui nous sont nécessaires. Elle est d'une limpidité parfaite ; et, dans ses voies souterraines , elle a repris la bonté et la fraîcheur qu'elle avait au sortir des hautes montagnes dont elle est descendue en presque totalité. De tels avantages sont inappréciables ; ils sont particuliers à notre système de fontaines , et ils lui assurent une supériorité incontestable sur celui de presque toutes les autres villes. Où trouvera-t-on ailleurs plus de cent bouches versant sans discontinuité une eau complètement clarifiée ? et le mode de clarification n'est-il pas réellement admirable par son efficacité , comme par la manière toute naturelle dont il s'opère ? Alors même que le fleuve qui traverse nos murs ne semble rouler qu'une masse de boue , l'eau qui s'en sépare pour les fontaines , déposant sur la plage toutes les impuretés qui la souillaient, pénétrant dans des milliers de canaux imperceptibles , se rend d'abord dans les fosses que nous lui avons préparées ; et puis , descendant toujours , ruisselant à travers des cailloux , elle arrive , limpide comme du cristal , aux puisards des pompes, qui l'élèvent et la versent dans une cuvette , d'où elle va jaillir sur nos places et se répandre dans toutes nos rues.

« Mais si, par un malheur que rien d'ailleurs ne présage, dont tout au contraire éloigne la crainte, car la rivière , dans son régime actuel, tend à agrandir plutôt qu'à diminuer le banc d'alluvion qu'elle nous a donné et qui nous procure ces avantages ; si enfin ce banc nous était enlevé, si les petits canaux afférents contenus dans cette masse sablonneuse, et qui, en retenant les matières terreuses, cause de la saleté de l'eau, la livrait entièrement pure, venaient à s'obstruer, ainsi qu'il arrivait aux clarifications autrefois usitées dans la ville ; si ces canaux venaient à s'élargir au point de laisser passer quelques filets d'eau trouble, nos fontaines seraient-elles privées du bienfait des eaux filtrées ! non : alors nous aurions recours à une clarification artificielle. Pour savoir ce qui pourrait être fait à cet égard, dès l'origine, la commission des fontaines invita M. l'architecte Raynaud, qui avait fait construire plusieurs des clarifications en usage dans la ville, à présenter un projet à cet égard. Il s'en occupa, et par une disposition bien entendue, il réduisit de moitié l'espace occupé par les clarifications ordinaires. Il résulte de ses plans et devis, qu'un filtre artificiel, que l'on pourrait établir autour du château d'eau et le long du Cours, occuperait un espace de 5 m. carrés et coûterait 500 francs par chaque pouce d'eau clarifiée : sur ces bases, et le cas échéant, on proportionnerait la grandeur d'un tel filtre aux besoins et aux désirs de la ville.

« Deux de nos huit pompes (dont le diamètre serait porté de 0 m. 27 à 0 m. 48) prendraient les

eaux de la rivière et les jetteraient sur le filtre ;
après leur purification, elles seraient reprises par
les six autres pompes (conservées dans leur état
actuel), pour être versées dans la cuvette existante.
Ces ouvrages n'exigeraient pas une dépense de
150,000 francs ; mais on aurait les frais d'un grand
entretien annuel, et l'on ne pourrait pas se pro-
mettre d'avoir des eaux pareilles à celles dont nous
jouissons maintenant, fraîches en été et comme
chaudes en hiver (1). »

En lisant avec attention ce passage, on verra,
1° que si l'expérience du puisard pour le premier
filtre n'a pas parfaitement réussi dès l'origine,
c'est qu'on n'avait pas eu la précaution de le cou-
vrir ; cette faute réparée, les résultats ont été satisfaisants ; 2° pour le second filtre, on s'est trop
rapproché de la rivière, c'est la seule cause de
l'infériorité de cet appareil ; 3° pour le troisième,
enfin, on a mis l'expérience à profit, aussi a-t-on
été récompensé par les résultats, et son seul

(1) Nous ajouterons que depuis que nos filtres sont en
activité, et il y a quatorze ans pour le premier, douze
pour le second et neuf pour le troisième, on ne s'est
aperçu d'aucune diminution dans la qualité et la quantité
de leurs produits : la qualité se serait plutôt améliorée,
et pour la quantité, on le répète, on n'a aucune preuve
de diminution, le service se fait maintenant comme
il se faisait d'abord.

défaut, bien faible, à la vérité, oit être attribué à quelque fissure locale. N'est-il pas évident qu'instruit par expérience, il serait possible de réussir plus complètement aujourd'hui !

Mais le Rapport fait à l'emploi des galeries filtrantes, un objection dont nous avons déjà parlé, celle de l'engorgement ; il cite à ce propos les appareils de Glascow, sur la Clyde, où cet effet s'est produit au bout d'un petit nombre d'années.

« Cette diminution, dit le Rapport, a été attribuée par les ingénieurs, à l'engorgement des tuyaux capillaires filtrants, engorgement qui est occasionné lui-même par les sédiments qui viennent se loger entre les particules du sable et obstruer ce filtre naturel, ce qui à la longue doit arriver partout, car, quoiqu'on fasse, il faut toujours compter sur l'encombrement infailllible des filtres grands et petits, naturels et artificiels. Et, en effet, si la quantité d'eau, par exemple, qui doit alimenter la ville de Lyon, contient 45 mètr. cubes de limon pour chaque jour de grosses eaux, il s'en suivra qu'en admettant seulement 60 jours semblables dans l'année, l'apport des matières solides à dégager de l'eau qui doit être élevée au bassin de distribution, sera de 2,700 mètres cubes par année ! Or, si cette matière n'est plus dans l'eau qui la contenait, il faut bien qu'elle soit dans le filtre qui la lui a prise.

« Maintenant supposons à notre galerie filtrante
une longueur de 2,000 mètres, supposons-la à
50 mètres en moyenne de distance du fleuve, nous
aurons une superficie filtrante de 100,000 mètres
carrés; or, ce filtre, au bout d'un an, aura de
cette manière, une couche de près de 3 centim.
de vase (0, 027), dans dix ans cette couche sera
de 27 centimètres. Cela est mathématique, car si
ces 2,700 mètres cubes de vase que l'eau contenait
en sont sortis, où veut-on qu'ils soient s'ils ne
sont pas dans les filtres? Il n'y a vraiment pas
moyen d'échapper à cette conclusion, etc. »

Nous le dirons ici avec franchise, malgré toute
l'autorité de la majorité de la Commission, il nous
est impossible d'admettre ce raisonnement, car
les faits ne se passent pas ainsi dans un filtre naturel, et pour nous convaincre que cette objection
de l'engorgement n'est point sérieuse, il suffit
d'étudier attentivement de quelle manière s'opère
le phénomène de la filtration. Pour mieux nous
faire comprendre, nous donnerons à la fin de
ce Mémoire une figure représentant une section
en travers du fleuve et de la galerie filtrante.

(A B M P Q N) est une section au travers du lit
du fleuve.

(A B) le niveau supérieur de l'alluvion dans
lequel on établit la galerie filtrante à pierre sèche
(S R).

(P Q) est le niveau de l'étiage, (M N) celui des hautes eaux ordinaires.

Si nous supposons que le niveau du fleuve soit en (M N), les filets fluides qui se rendront dans la galerie filtrante seront en général compris entre les deux lignes extrêmes (M S) (R O), et leur direction sera une moyenne entre celle de ces deux lignes. L'eau trouble traversera d'abord la couche II, que nous supposons être d'une épaisseur de 0 m. 50 environ, puis la couche 22, puis la couche 33, etc.; mais à la sortie de la couche II, les eaux sont débarrassées de la plus grande partie de leurs sédiments, car l'expérience prouve qu'il suffit d'une épaisseur en sable et gravier de 0 30 à 0 40 pour clarifier presque complètement des eaux troubles. Ceci n'est point une hypothèse, mais un fait positif; c'est ainsi, par exemple, que dans l'établissement de la Boule Rouge à Paris, où l'on clarifie les eaux de la Seine et de l'Ourq, la masse filtrante est composée de cinq couches, dont quatre ont chacune deux pouces d'épaisseur, celle du milieu ayant de 4 à 6 pouces, ce qui fait une moyenne pour l'épaisseur totale de la masse filtrante 14 pouces ou 0 m. 37 (1).

(1) Voyez le Mémoire de Genyes sur la clarification et la dépuration des eaux, inséré dans les Annales des ponts et chaussées de 1835 et annoté par M. Eméry.

On sait d'ailleurs que dans les filtres ordinaires l'épaisseur totale des couches ne dépasse pas 0 m. 40 à 0 m. 50. Il faut donc admettre comme un fait d'expérience, que des eaux troubles, après avoir traversé une épaisseur semblable de masse filtrante, sont en général clarifiées, ou au moins débarrassées de la majeure partie de la vase qu'elles contenaient. Il est vrai, que dans certains cas, et notamment pour les eaux troubles de la Garonne, il est nécessaire pour la clarification complète d'une épaisseur en gravier ou sable de 4 ou 5 mètres ; mais il faut bien se garder de comparer l'effet des dernières parties de cette couche à l'effet des premières ; celui-ci est incomparablement plus considérable, et cela doit être, puisque les canaux capillaires ayant en général le même diamètre, c'est à ceux que l'eau rencontre d'abord, à arrêter surtout les sédiments ; le rôle des couches inférieures se borne ici à parfaire la clarification. *Cela posé, qu'arrive-t-il constamment ? c'est que dans les courants d'eau qui charrient du gravier, comme la Garonne, à Toulouse, le Rhône, à Lyon, la couche I I qui tapisse le fond du lit, la véritable couche filtrante, est sans cesse renouvelée* par le déplacement continuel, le mouvement des graviers et des sables, les incessantes modifications du lit, qui ont lieu en général sur des épaisseurs bien plus considérables que 0 m. 50. Qui ne

sait en effet que lorsque la moindre crue se manifeste, il se forme dans le fond des lits de ces cours
d'eau, des courants en gravier qui suivent le mouvement des eaux, et qui produisent ce bruit que
les gens de rivière connaissent tous. C'est là un
fait évident et sur lequel sans doute il est inutile
d'insister; c'est ce renouvellement de la couche II
qui est le nettoiement naturel des filtres situés au
bord des rivières. Il est si vrai que les choses se
passent ainsi, que s'il en était autrement, une galerie
filtrante serait tarie au bout d'un très-petit nombre d'années. Sur le Rhône, par exemple, en se
basant sur les calculs de la Commission, il suffirait
tout au plus de trois ou quatre ans pour l'obstruer
presque complètement avec une fourniture quotidienne de 9,000 mètres cubes par 24 heures; car,
comment l'eau pourrait-elle traverser cette première couche, une fois remplie de sédiments vaseux? Sur la Garonne il faudrait bien moins encore, l'eau de ce fleuve étant plus chargée de
limon et plus souvent boueuse que celle du Rhône.
D'où vient cependant que d'après M. d'Aubuisson,
la quantité d'eau fournie par les filtres n'avait pas
sensiblement diminué au bout de quatorze années
pour le premier, douze pour le second, et neuf
pour le troisième? Il est donc impossible d'expli-
quer l'effet des filtres naturels sans admettre,
comme l'indique la raison et l'observation journa-

lière, le renouvellement continuel de la première couche, de celle qui absorbe la majeure partie sinon la totalité des troubles et tapisse le fond du lit. Tous les faits connus jusqu'à ce jour viennent confirmer cette théorie. Ainsi, il n'est pas étonnant qu'à Glascow les galeries n'aient pas eu de succès, par la raison que la Clyde est un faible courant d'eau, ayant peu de pente, coulant sur des couches de sable, quelquefois même de limon, dont le lit subit peu de modifications, et enfin où ces mouvements des masses inférieures ne peuvent pas se produire comme sur la Garonne et le Rhône, pour balayer et renouveler le fond. Il n'y a rien de général dans les effets naturels, et ils sont toujours subordonnés aux circonstances locales, sous l'influence desquelles ils se produisent. Il ne faut donc pas s'étonner qu'une galerie filtre réussisse sur un cours d'eau et échoue sur un autre, mais on peut affirmer avec certitude, qu'elle sera toujours suivie d'un plein succès, quand on choisira pour l'établir un fleuve ayant une pente forte, roulant ses eaux sur un lit de gravier ou de sable, et offrant des modifications incessantes dans les premières couches de son lit. Je le demande maintenant, y a-t-il un fleuve qui remplisse mieux toutes ces conditions que le Rhône? le Rhône surtout au dessus de Lyon, avec une pente moyenne de plus de 0 81 par mille mètres, avec un lit de sable et gravier constamment variable?

Telles sont les raisons pour lesquelles nous ne pouvons pas admettre la théorie de l'engorgement successif des filtres, pour lesquelles nous ne pouvons pas conclure de Glascow à Lyon, de la Clyde au Rhône.

Remarquons ici en passant une espèce d'analogie bien sensible entre les fontaines naturelles et les galeries filtres; dans les premières, en effet, le grand dépurateur c'est le soleil, qui par l'évaporation clarifie les eaux qu'il élève et assure la continuité et la permanence des sources. Dans les galeries filtres, la continuité et la permanence existent aussi, par le renouvellement de la première couche du fond des lits; le depurateur ici n'est plus l'action solaire, mais le mouvement des eaux. Il faut sans doute admirer ces ressources si diverses de la nature qui sait nous conduire au même résultat par des voies si opposées.

M. le Rapporteur passe ensuite à l'examen de cette question : « Est-il possible d'établir à Lyon des galeries propres à la filtration des eaux du Rhône? » Qu'on nous permette de citer ici ses propres paroles :

« Indiquons d'abord les conditions dans lesquelles doit se trouver une localité destinée à l'établissement d'une galerie filtrante, et nous examinerous ensuite si notre ville possède un emplacement qui remplisse ces conditions.

« Ce qu'il importe avant tout, à cet effet, c'est que la masse filtrante qui doit séparer les galeries du lit de la rivière, présente une épaisseur et une étendue considérable, une perméabilité suffisante, et une composition geologique irréprochable.

« L'épaisseur est nécessaire afin que l'eau puisse, pendant son trajet qui doit être long et pénible, séjourner assez longtemps sous terre, pour que la température qu'elle avait prise dans le courant, puisse se modifier convenablement ; l'expérience a fait reconnaître que cette épaisseur devait être de plus de 50 mètres.

« L'étendue, parce qu'elle doit être en proportion des difficultés de la filtration, qui ne peut être bonne, qu'à la condition d'être difficile, et de la quantité à fournir ; à en juger par ce qui est arrivé à Toulouse, cette étendue devrait être pour une fourniture de 9,000 mètres cubes, d'environ 2,000 mètres.

« La perméabilité est indispensable aussi, mais cette perméabilité doit cependant se combiner avec un certain degré de compacité du sol, car il est bien évident qu'un amas de cailloux, par exemple, serait un canal et non pas un filtre. Il faut, en un mot, que le terrain filtrant soit tel, ainsi que nous l'avons déjà dit, que ses tuyaux capillaires soient plns petits que les particules en suspension dans l'eau , et qu'ils doivent arrêter à leur passage.

« Enfin il faut une bonne compositiou géologique, car on sait avec quelle facilité l'eau s'imprègne des sels qu'elle rencontre sur son passage.

«Faisons maintenant l'application de ces principes à notre localité.

« La rive droite du Rhône en amont de la ville, ne présente aucun emplacement assez éloigné du courant pour l'établissement d'une galerie. Après le fleuve, le quai ; après le quai, les maisons; après les maisons , la montagne. Il convient de remarquer en outre que les remblais du quai ont été exécutés en partie avec des platras et des débris de démolitions saturés de sels nuisibles et notamment de sulfate de chaux , propres à altérer la pureté chimique de l'eau. »

Il est facile de remarquer que nos galeries filtrantes remplissent ces diverses conditions; c'est ainsi qu'elles sont éloignées des berges du fleuve , non pas seulement de 50 mètres, mais de 60, et qu'il serait facile d'augmenter cette valeur si cela était reconnu nécessaire. En se basant sur la galerie filtre de Toulouse , leur longueur devrait être non pas 2,000 mètres , mais comme nous l'avons vu ci-dessus , 730 mètres seulement. Or nous pourrions développer dans toute l'étendue du

Petit-Broteau un filtre de 2,500 mètres de longueur totale,

Si jusqu'à présent il n'a pas paru possible ou avantageux d'établir des galeries filtres sur la rive droite du Rhône, c'est qu'on n'est jamais remonté plus haut que l'extrémité inférieure du Faubourg de Bresse. Il faut donc reconnaître que les conditions toutes nouvelles de ce projet changent complètement la face de la discussion.

« Rien de plus bizarre, de plus imprévu, dit le Rapport, que les résultats obtenus sur les eaux (1) fournies par les diverses pompes de la rive droite du Rhône dans la traversée de Lyon, etc. »

Cet effet n'a rien d'étonnant, car la composition du sol sur lequel la ville repose, doit être nécessairement très-variable. Ici point d'uniformité possible, puisque c'est presque toujours un terrain rapporté de mains d'hommes, un terrain de platras ; mais il n'en serait pas de même au Petit-Brotteau, qui est une alluvion naturelle et uniforme de fleuve.

« Ainsi, nulle possibilité, continue le Rapport, de trouver dans la traversée de Lyon, non plus qu'en dehors de la barrière St-Clair, un emplacement convenable.

(1) Quant à leur composition chimique.

« Reste Perrache , mais la longueur toute entière de cette presqu'île ne suffirait pas pour l'établissement d'une galerie de 2,000 mètres c cette galerie d'ailleurs recevrait, non-seulement les eaux du Rhône , mais celles de la Saône , reconnues peu convenables pour le service de la ville. Dans les inondations , le filtre pourrait être recouvert , et les eaux s'y introduiraient probablement par dessus , comme cela arrive à Toulouse.

« Ajoutons que les eaux recueillies auraient traversé la ville et seraient saturées des immondices qu'elle envoie par ses ruisseaux et ses égouts aux fleuves qui la traversent. Il faut dire encore, que là aussi les remblais ont été généralement exécutés avec des débris de démolitions et des déjections de toute sorte.

« Enfin il serait difficile, pour ne pas dire impossible, de rencontrer. pour l'établissement de la galerie , une ligne non bâtie de 2,000 mètres ; empêchement capital et suffisant à lui seul , pour démontrer l'impossibilité d'un pareil projet.

« Il ne faut donc pas songer pour l'établissement d'un filtre à la rive droite du Rhône.

« Quant à sa rive gauche, ce sont les Brotteaux, là , moins de difficultés sans doute, si on monte ou si on descend bien au-dessus ou bien au-dessous de la ville , car autrement l'on échouerait encore devant l'inconvénient présenté par la nature

des remblais, et aussi devant l'impossibilité de
trouver un espace suffisant non bâti. »

Nous comprenons parfaitement toutes ces difficultés, mais avec notre projet elles n'existent plus;
en effet, dans toute l'étendue de la plaine du Petit-
Brotteau, il n'y a qu'une seule construction pro-
visoire. D'un autre côté, rien ne serait plus facile
que d'empêcher aux crues de surmonter la surface supérieure de cette alluvion, puisqu'elle est
déjà élevée en moyenne, à quatre mètres environ
au dessus des plus hautes eaux, et qu'il suffirait
d'en exhausser les bords, d'un mètre pour la
rendre complètement insubmersible.

Des Dépenses.

Je passe à la question des dépenses, en citant
toujours les propres paroles du Rapport :

« Les calculs de la commission ont été faits
dans la triple supposition d'un service journalier
de 9,000, 12,000, et 15,000 mètres cubes d'eaux
du Rhône, filtrées au moyen de galeries ayant
deux ou trois mille mètres de longueur, et qui
seraient établies sur la rive gauche du fleuve, en
amont des Brotteaux, à partir d'un point éloigné
de 8 à 900 mètres du pont Morand.

« La dépense à faire pour l'établissement de ces

galeries a été calculée d'après la dépense occasion-
née par celles de Toulouse. L'eau ainsi filtrée serait
refoulée par une machine à vapeur qui l'élèverait
à la hauteur de 35 mètres ; cette eau traverserait
un pont aqueduc et monterait au moyen de
tuyaux placés souterrainement jusqu'au réservoir
qui serait établi sur la place du Perron. Les calculs
faits par la Commission comprennent dans la dépense, le prix de deux machines, afin de parer aux
interruptions de service en cas de réparation.

«A ces dépenses nous avons ajouté une somme
d'un million pour l'établissement du service de
distribution, les fontaines publiques et monumen-
tales comprises. Nous ne sommes entré pour ce
dernier article dans aucuns détails, par la raison
très-simple que la Commission n'ayant à s'occu-
per de la dépense, que comme point de comparaison et élément de préférence , il devenait inutile de s'appesantir sur cette partie de l'entreprise,
puisque cette dépense doit être la même dans l'un
et dans l'autre projet. Seulement nous ferons remarquer que s'il devenait possible d'employer les
tuyaux de verre dont nous avons parlé , cette
dépense pourrait se trouver réduite très-nota-
blement.

« Ce service établi dans ces limites coûterait
annuellement, et en chiffres ronds , suivant la
note sommaire qui sera jointe à ce rapport , et y

compris aussi l'intérêt à quatre pour cent l'an du capital grossi, comme nous l'avons dit , d'un million pour l'établissement du service de distribution , savoir :

« Pour un service de 9,000 mètres cubes , — 200,000 francs , soit un franc par personne et par année , pour une population de 200,000 âmes.

« Pour un service de 12,000 mètres cubes, — 240,000 fr. , soit 1 fr. 20 par personne et par année.

« Pour un service de 15,000 mètres cubes , — 270,000 fr. , soit 1 fr. 35 c. par personne et par année.

«Ce qui fait revenir l'eau fournie :

Dans le premier cas , à un peu plus de six centimes le mètre cube, 0 fr. 55 c. par individu et par année , en supposant une consommation personnelle et directe de 25 litres par jour, le surplus de 0 fr. 45, représentant la consommation industrielle et la consommation publique ;

« Dans le second cas , cinq centimes et dem le mètre cube , soit 0 fr. 50 c. par individu et par année.

« Dans le dernier cas , un peu plus de 5 centimes le mètre cube , soit 0 fr. 47 centimes par personne et par année. »

Voici comment se décomposent ces dépenses de premier établissement et d'eutretien :

D'abord pour les frais de premier établissement,

L'achat du terrain pour l'emplacement des filtres coûtera dans l'hypothèse ,

D'une fourniture de 9,000 m. cubes ,   360,000 fr.
D'une fourniture de 12,000 m. cub. ,   465,000 fr.
D'une fourniture de 15,000 m. cub. ,   555,000 fr.

On a supposé , dans le calcul précédent, qu'on serait obligé d'acheter tout l'espace compris entre les galeries de filtration et le fleuve, à raison de 2 fr. le mètre carré , ou 20,000 fr. l'hectare.

Dans notre estimation nous n'avons pas comparé ce chapitre de la dépense, parce que nos galeries devraient être enterrées à une profondeur de plus de quatre mètres au-dessous du sol et complétement recouvertes ; elles n'empêcheraient donc pas de disposer de la surface, il suffirait simplement de grever le propriétaire du terrain compris entre cette galerie et le Rhône , de la servitude de ne point bâtir , ou de le laisser dans son état actuel , état de simple terrain cultivé. Mais l'indemnité représentant cette servitude serait bien loin de s'élever à 2 fr. le mètre carré. Nous ne pouvons pas dès à présent lui assigner une valeur , mais il serait d'autant plus facile de s'entendre amiablement à cet égard, que la plaine du Petit-Brotteau appartient presque en totalité à l'administration des hospices. Remarquons d'ailleurs que cette servitude serait plus que compensée par la plus value qu'acquerraient, par l'établissement d'industries nouvelles, les terrains situés à la partie aval de cette plaine. Ainsi donc, attendu les conditions toutes particulières dans lesquelles nous nous trouvons, il semble que cette dépense serait bien diminuée et qu'elle doit être comprise dans la somme à valoir.

Pour les frais de creusement et de construction des galeries, la commission s'est basée sur le coût des travaux de Toulouse, elle a été conduite aux chiffres suivants :

Pour une fourniture de 9,000 mètres, 345,000 f.
          de 12,000 mètres, 460,000
          de 15,000 mètres, 575,000

Il nous a semblé préférable de calculer ces dépenses directement, d'autant plus que les travaux de Toulouse ont été de véritables essais, et que depuis cette époque on a acquis plus d'expérience dans ce genre de construction. Aussi avons-nous été conduit à des chiffres plus faibles. Il est vrai que nous n'avons pas tenu compte des frais d'épuisement qui seraient ici assez considérables, car nous ne pourrons avoir aucun canal de fuite naturel; mais on remarquera que notre estimation est établie dans l'hypothèse d'une fourniture de 824 pouces d'eau clarifiées, tandis qu'il n'en faudrait réellement que 410, ce qui réduirait la longueur de notre galerie, de 2,500 mètres à 730 mètres seulement. Il y a donc ici au moins compensation.

Au reste, les conditions de ce projet sont telles qu'il est possible, nous le croyons, d'augmenter très-sensiblement les chiffres de la dépense indiquée sans infirmer pour cela les principales conséquences auxquelles conduirait son adoption.

Les deux machines à vapeur, y compris les bâtiments et tous les accessoires, sont évaluées par le Rapport dans le premier cas à 130,000 fr.

   dans le deuxième cas à 155,000.

   dans le troisième cas à 180,000.

Nous avons estimé, comme on l'a vu, nos deux machines hydrauliques et tout ce qui doit les accompagner à 200,000 fr.

On a supposé, dans l'estimation de la Commission, que les tuyaux pour conduire l'eau de l'usine hydraulique, située à peu près vis-à-vis la Boucle, jusqu'au réservoir de la place du Perron, seraient en fonte de fer, qu'on serait obligé de jeter sur le Rhône un pont aqueduc; nous n'avons rien d'analogue dans le projet que nous avons étudié. Enfin, dans le système de la Commission il serait nécessaire de construire un vaste réservoir de provision qui nous devient inutile, attendu que

la galerie souterraine du Petit-Brotteau au Jardin-
des-Plantes en ferait l'office.

Il ne peut donc pas y avoir de comparaison entre les deux estimations qui arrivent cependant
au même chiffre , mais avec cette différence que
notre force est gratuite et partant nos frais annuels
très-faibles , et qu'enfin, comme on l'a vu , nous
créons des valeurs nouvelles.

Frais annuels.

Le Rapport évalue les frais annuels pour un service des eaux du Rhône , aux chiffres suivants :

Pour 9,000 mètres. . .   200,646 fr.
Pour 12,000 mètres. . .   236,083
Pour 15,000 mètres. . .   269,078

Dans notre projet les frais d'exécution étant es-
timés au plus haut à 2,000,000 fr. , y compris le
capital représentatif des frais d'entretien , si nous
ajoutons 1,000,000 fr. pour la distribution ur-
baine, nous aurons un total de 3,000,000 fr. dont
l'intérêt à 4 p. 0/0 est de 120,000 fr. , chiffre
qui représente ainsi les dépenses annuelles pour
une fourniture de plus de 16,000 mètres cubes.

Cette comparaison montre tout l'avantage des
machines hydrauliques sur les machines à vapeur,
et nous ne sommes nullement étonné qu'on soit
conduit logiquement à préférer les eaux de source
aux eaux du Rhône , quand on suppose que le

service de ces dernières se fera aux conditions indiquées dans le Rapport de la commission.

Les dépenses pour amener les eaux de source dans l'enceinte de la ville ont été évaluées à 6,000,000 fr. Il en résulte qu'on peut présenter de la manière suivante le prix du revient de l'eau par tête et un approvisionnement de 15,000 m.

Indication des projets.	Dépense annuelle non compris les frais d'administration.	Prix du revient du mètre cube.	Dépense annuelle par individu, calculée sur une population de 200,000 âmes.	
			Pour tous les services compris.	Pour la consommation personnelle évaluée à 25 litres par jour et par individu.
Eaux du Rhône avec des machines à vapeur, etc.	270,000 f.	0,05	1,35	0,47
Eaux de source avec dépense de 6,000,000	240,000	0,045	1,20	0,40
Eaux du Rhône d'après notre projet en faisant abstraction des valeurs utiles créées, et en admettant que les 16,400 se réduisent à 15,000.	120,000	0,022	0,60	0.20

Si maintenant on tient compte, comme cela doit être, des valeurs nouvelles créées par notre projet, on arrive à ce résultat, qu'il est incontestablement le plus économique, et qu'en l'adoptant, la ville de Lyon pourrait s'approvisionner gratuitement, peut-être même avec bénéfice.

Le chiffre de 6,000,000 fr. auquel s'élève le projet des sources se décompose de la manière suivante :

Indemnités réclamées par les divers propriétaires des quatre sources de Roye, de Fontaine, de Ronzier et de Neuville. . . . . . . 2,900,000 f.

13,000 mètres courants de galerie souterraine à 200 fr., soit. . . 2,600,000
____

Total. . . . . . . 5,500,000 f.

La différence de cette somme à 6,000,000 fr., représente sans doute la somme à valoir.

Quant au prix de 200 francs fixé pour le mètre courant du tunnel, je n'en dirai rien, si ce n'est que ce ne peut être là qu'une simple et pure hypothèse. Quand je le compare au prix de revient d'une foule de souterrains et de conduites analogues, je le trouve bien faible, en tenant compte des circonstances particulières qui se rencontrent ici, et surtout d'une étendue de 13,000 m., toujours souterraine, sans une seule interruption qui puisse faciliter l'exécution des ouvrages. Il ne paraît pas possible d'ailleurs, malgré les recherches les plus consciencieuses, d'apprécier à priori, et d'une manière suffisamment exacte, un projet de la nature de celui des sources. Peut-on prévoir, en effet, les chiffres d'indemnité? Et quel est le constructeur, serait-ce le plus habile et le plus expérimenté, qui se chargera d'assigner le prix d'un tunnel de 13,000 mètres de longueur? Ce qu'on doit craindre surtout en pareil cas, ce sont les illusions des devis et les déplorables conséquences des hypothèses.

X.

TABLE.

FIN DE LA TABLE.

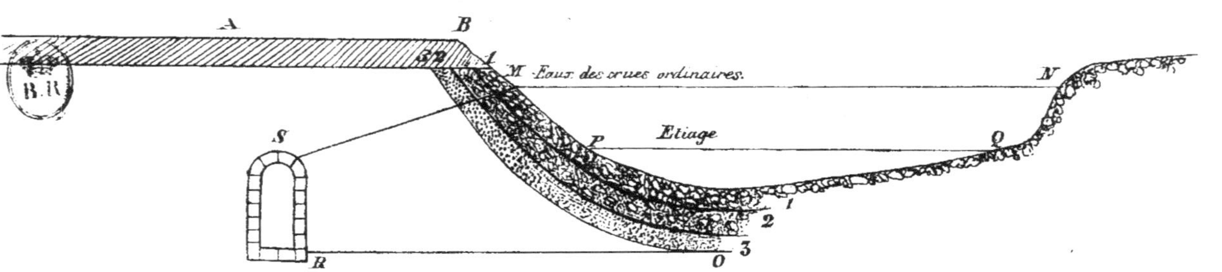

A
B
3 2
1   M. Eaux des crues ordinaires.
N
S
Etiage
P
Q
1
2
3
R
O
B. R.

ERRATA.

Page, ligne, au lieu de   *lisez :*

		au lieu de	lisez :
5,	15,	qu'il s'élèver	qu'il s'élève
36,	18,	3 m. 10 —1 m. 90	3 m. 10 = 1 m. 90
42,	7,	la solution Q	l'équation Q
43,	22,	$v = \dfrac{\Pi \times 2{,}50 \times 40}{90}$	$v = \dfrac{\Pi \times 2{,}50 \times 40}{60}.$
43,	26,	formule la Q	formule sin. Q
44,	7,	$Q -$	$Q =$
44,	25,	le cas actuel la	le cas actuel sinus
46,	17,	Angle q	Angle Q
53,	9,	chute $x\ \dfrac{173\,k \times 4}{75}$	chute $\dfrac{x \times 173}{75}$
72,	23,	la roue	sa roue
97,	1,	ces effets, serait	ces effets, ce serait
118,	1,	vérité, oit être	vérité, doit être
128,	3,	de 2000 mètres c cette	de 20000 mètres; cette